价值投资：

散户持续盈利的砝码

石　曦/著

SPM
南方出版传媒
广东经济出版社
·广州·

图书在版编目（CIP）数据

价值投资：散户持续盈利的砝码 / 石曦著. —广州：广东经济出版社，2021. 6
ISBN 978-7-5454-7797-9

Ⅰ. ①价… Ⅱ. ①石… Ⅲ. ①投资经济学 Ⅳ. ①F830. 59

中国版本图书馆CIP数据核字（2021）第115121号

责任编辑：谢善德
责任技编：陆俊帆
封面设计：齐力联合

价值投资：散户持续盈利的砝码
JIAZHI TOUZI SANHU CHIXU YINGLI DE FAMA

出版人	李　鹏
出　版 发　行	广东经济出版社（广州市环市东路水荫路11号11～12楼）
经　销	全国新华书店
印　刷	佛山市迎高彩印有限公司 （佛山市顺德区陈村镇广隆工业区兴业七路9号）
开　本	730毫米×1020毫米　1/16
印　张	11. 5
字　数	190千字
版　次	2021年6月第1版
印　次	2021年6月第1次
书　号	ISBN 978-7-5454-7797-9
定　价	48. 00元

图书营销中心地址：广州市环市东路水荫路11号11楼
电话：（020）87393830　邮政编码：510075
如发现印装质量问题，影响阅读，请与本社联系
广东经济出版社常年法律顾问：胡志海律师

前言

Preface

什么是价值投资?

不同的投资者有不同的答案!

一种交易策略?一种投资信仰?一种生活哲学?

价值投资是以便宜的价格买入优质的公司资产然后长期持有。这句话大家一般不会反对,从字面上理解价值投资是一种投资模式,但便宜的价格体现了对现实的认知,优质的公司包含着对未来的预期,长期持有其资产意味着对人性的把握……

价值投资谈起来简单,做起来很难。之所以有人认为简单,是因为他们把价值投资简化成了交易策略。实践起来很难,是由于价值投资是一个开放包容的理论体系,它处在不断的变化与丰富之中,做到知行合一不容易。价值投资既要仰望星空,又要脚踏实地。

对现代人来说,投资是我们生活中不可少的一部分,投资的理念是我们对社会经济生活认知的体现,从这个意义上说,价值投资与趋势投资一样是现代人世界观的组成部分,投资的盈亏是我们对世界认知的回馈。

价值投资与趋势投资、技术分析并非水火不容,但它们又有明显差异,体现在选择公司、持有时间、交易策略等很多方面,这种差异就是投资与投机的不同。

价值投资与其他投资理论的本质差别,在于投资者自身角色的定位和认知,趋势交易者认为自己是在市场博取短期价差的,不关心“我”与上市公司的关系,而价值投资者则认为“我”是股东,成为哪家公司的股东可以稳定持续盈利就投资哪家公司，以做实业的心态来选择投资的标的。查理·芒格说过："最重要的观念是把股票当成企业的所有权，并根据它的竞争优势来判断该企业的持有价值。"

一个完善和成熟的资本市场，具有优化社会资源配置、提高社会生产效率、调节生产资料所有权和再分配经营成果的功能。在资本市场，优秀的企业通过融资扩大再生产，可以为社会创造更多的财富，投资者也可以获得更高的回报，这样能形成国家、企业、投资者共赢的局面。倡导投资者选择优秀上市公司的股票并长期投资，尤其在当前实施国产替代战略的形势下，可以促进拥有核心技术和竞争优势的企业发展壮大。

认同价值投资源于本人对投资实践的思考，写这本书则是本人对完善高校投资类专业课程教学体系的一点探索。中国的资本市场还处在一个需要不断完善的发展阶段，价值投资会显示出越来越强的生命力。证券专业课程的教育承担着为市场培养合格专业人才的责任，它是证券市场的有机组成部分。高校经济类专业尤其是金融类专业的学生是未来证券市场投资者的重要后备力量，也是未来证券市场的从业者的重要来源，他们学习价值投资课程的意义会更深远。目前，高校的投资类课程体系中没有专门的价值投资课程。相关专业开设价值投资课程、高校教师编写价值投资方面的教材，这对丰富经济类专业的投资课程体系具有促进作用，也是顺应监管部门要求的具体表现，更是投资类课程实施课程思政的主要路径。

本书努力将价值投资的理论与A股市场的实践相结合，追求知行合一，尤其注重应用性、可操作性，目的是让新股民和有一定经验的股民在阅读本书之后知晓如何在股票交易的实践中运用价值投资理论。

由于本人水平有限，难免疏漏，不足之处，恳请各位读者批评指正。

石　曦

2021 年 6 月 28 日

目 录
Contents

第一章

正确的投资理念是盈利的基础

一、价值投资：新时代散户持续盈利的利器

（一）时代性——价值投资是适合当今时代的投资策略

价值投资理论是彰显证券市场人性的理论，源于市场又超越市场。理论来源于实践，任何理论都是时代的产物。价值投资理论是20世纪20年代末期经济大萧条时代的产物，是顺应当时市场需要、适应投资者需要的产物，揭示了投资市场的某些客观规律。当今时代，价值投资理论与技术分析理论一样深刻而持续地影响着全球投资者。因此，价值投资理论的时代性，根本在于投资精英们善于把理论和市场结合起来，抓住特定市场的需求，不断探索投资者提出的新课题、顺应证券市场面临的新挑战。

价值投资理论是科学的理论体系，它所阐述的一般原理也不会因时间的发展而过时。但是，价值投资理论又是具有开放性和时代性的理论，随着时间的变化、市场的发展而不断地丰富和创新自己的理论内容，这是价值投资理论具有超越时空的价值和生命力的关键所在。

然而，随着5G时代的来临以及云计算、大数据、区块链、人工智能等技术的逐步运用，我们所在的世界将从信息科技时代进入智能科技时代，新型互联网企业将会越来越多。很多人在怀疑，我们正处于价值投资历史上最痛苦的时期。过去10多年，无论是在发达经济体的市场上还是在新兴经济体的市场上，成长型股票（不考虑估值，收入和利润都属于高增长的股票）的收

益都超越了价值型股票（较收入、利润和账面价值而言，股票估值低）。以美国为例，成长型股票比价值型股票的年均收益约高出3%，而从全球看，这一高出的比例每年约为2%，亚洲地区（除日本以外）的这一高出的比例约为1.5%。

在2007年全球市值前10位榜中，国内的工商银行、中国石油和中国移动3家上榜，而国外的微软公司排第3。2017年，在全球市值前10位中有7家是互联网科技公司，分别是排第1的苹果、第2的谷歌母公司、第3的微软、第4的脸书、第5的亚马逊、第7的阿里巴巴、第8的腾讯。当年全球市值最高的5家公司均是科技公司，而工商银行、中国石油和中国移动均被甩在身后。

究其原因，主要是当今全球经济正从资产密集型向轻资产型转变，从以制造业为主向以服务业为主转变。以往，企业需要在厂房、库存和机械设备等方面投入大量资金，这是产生收入和利润的基础。但在当下，大家发现它们的发展并不需要依靠大量的资产。以腾讯和阿里巴巴为例，10年前，它们的市值排名远不及国有的中国石油和工商银行。2009年至今，中国石油在资本支出方面累计花费约2.65万亿元，以此实现了年均6%的收入增长；工商银行则投入2650亿元实现了年均10%的收入增长。但是，腾讯仅用1450亿元人民币实现了年均43%的收入增长，阿里巴巴仅用850亿元人民币实现了年均72%的收入增长。在过去10年，中国石油的股价下跌了50%，而腾讯的股价上涨了40093%。

软件技术公司可以以极低的成本将这种软件分发给客户，它们受益于网络效应，这种效应使得软件对于使用它们的人来说更有价值。数以亿计的人使用阿里巴巴进行电商活动或是使用腾讯开展社交，它们对于供应商、广告商和消费者来说更有价值，头部效应促使这类公司以极低的成本便产生了巨大的增长率和市场份额。在这种环境下，传统的价值投资将遭受损失：它不仅没有预见到这些新兴科技公司的高增长速度，而且还错误地认为资产是衡量其价值的标准。

在过去，认为账面价值是衡量公司内在价值的良好指标，这种想法合乎逻辑。但在当今的科技企业面前则行不通。它的问题不仅在于对账面价值的关注，还在于衡量账面价值的方式。随着全球经济持续向以服务业为基础的经济转型，定量价值指标将继续受到影响。美国的服务业占比在1945年为40%左右，如今是80%左右，其他高收入国家的服务业占比约为75%，低收入国家的服务业占比为60%，而中国的服务业占比约为53.9%（2019年）。虽然市净率之类的量化价值指标已经失去了大部分功效，但是很多的价值投资者学会了适应时代并随着它的变化而改变，价值投资理论集大成者沃伦·巴菲特就是一个典型。

巴菲特的投资生涯受本杰明·格雷厄姆的影响，后来在合伙人查理·芒格的启发下，他接受了费雪的成长股理论。巴菲特在1967年曾说过："尽管我认为自己大多数情况下属于量化学派，但是获取收益的关键在于我较强的洞察力，关于我多年来获取高收益是源于偏重量化的说法显然是哗众取宠的。同时，这一点恰恰也是财富不断积累的真正原因。"最近，巴菲特对科技巨头苹果（Apple）和亚马逊（Amazon）有了更进一步的投资，而这两只所谓的成长型科技股是传统价值投资者不敢涉足的。显然，价值投资的原则是可以与时俱进的，每个时代的主题都是不同的，支撑人类社会进步的伟大企业总是连续不断地产生的。巴菲特本人指出，价值型和成长型是"紧密结合在一起的"。

（二）开放性——吸收了多种投资理论精华的投资策略

价值投资理论是投资精英在投资实践中不断总结出来的经验理论，不是从其他理论体系推演出来的理论，因此它是不断发展的、开放的理论，始终被运用在证券投资市场的前沿。价值投资理论提供的不是现成的教条，而是进一步研究的出发点和供这种研究使用的方法。价值投资在不同的年代具有不同的形式，并不是封闭的投资终极真谛，而是为真谛的探索开辟了道路，随着投资实践的深入、时代的变化而不断发展，凸显了鲜明的开放性和时代特征。

价值投资理论是开放性的理论，随着投资实践的发展而发展。投资实践的持续性决定价值投资理论的开放性。一部价值投资理论的发展演变史就是一代代杰出的投资精英们根据时代、市场、实践、认识发展而不断发展的历史，是不断吸收经济社会发展成果而不断丰富自身体系的历史。巴菲特师生在投资实践中创立了价值投资这个较为完整的投资策略体系，当代全球的投资精英们又根据实践的发展，不断审视和批判这些观点，超越和发展原有的理论，使价值投资理论实现了不断的丰富和完善。他们把价值投资理论的基本原理同各地的证券市场的实际相结合，在顺应国情的过程中不断推进价值投资理论的本土化。历史和现实表明，价值投资理论是随着投资市场的丰富而总结发展的开放性理论，在开放中博采众长，不断完善自己。

自本杰明·格雷厄姆提出价值投资以来，理论体系有一个不断发展和丰富的过程，其核心理念是区别于其他分析方法的内在本质，具有鲜明的个性和持久的稳定性。本杰明·格雷厄姆和戴维·多德1934年共同出版的《证券分析》，提出了价值投资的基本原则和分析方法，奠定了价值投资的基本思维架构，标志着作为一种投资理念和方法的价值投资横空出世。尽管本杰明·格雷厄姆、菲利普·费雪等前期价值投资理论的奠基者和后来的查理·芒格、约翰·博格、约翰·邓普顿、约翰·聂夫、彼得·林奇等价值投资精英在具体的投资风格、选股思路上有所差异，甚至各自形成独立的体系，但是在价值投资共同基因的核心理念的坚守上，他们保持着高度的内在一致性和稳定性。

（三）丰富性——道术融合的投资策略

价值投资理论既是一种投资策略理论，也是一种投资哲学，同时还是一种方法论。价值投资理论的内容是丰富的，它是投资领域“道”和“术”的统一。

古人云：“有道无术，术尚可求也。有术无道，止于术。”“以道驭术，术必成。离道之术，术必衰。”《周易·系辞》也说：“形而上者谓之道，形而下者谓之器。”所谓形而上就是非具体的、抽象的，某种程度上无法准确描述只能意会的“道”。“形而下者谓之器”，“器”在这里可以理解为术，术就是具体的技巧和方法。所谓道，就是事物的基础和本质，是一种思想和理论，是不易改变的部分。所谓术，就是具体的实现方法和手段，是一种实践的过程，是容易改变的部分。

投资，唯道与术。道者，投资思想；术者，投资策略。无论价值投资还是技术投机，皆由道驭术。格雷厄姆在《证券分析》一书中，提出了自己的定义：“投资是一种通过认真分析研究，有指望保本并能获得满意收益的行为。不满足这些条件的行为就被称为投机。”

（四）适应性——适合A股的投资策略

价值投资理论诞生80多年来，经历了时代的变迁和证券市场风雨的洗礼，一直被投资者拿来与其他投资理论比较，不断有人怀疑价值投资在当代的适用性。在我国也是如此，不适论者的观点包括国情不同、资本市场不成熟、上市公司缺乏长期战略等。但其实价值投资的核心思想和理念具有普适性，其内涵也在不断地丰富。

1.价值投资的基本理念和核心思想适用于A股

首先，股票的内在价值决定股价的长期表现，这一价值投资的核心理念仍然适用于我国的证券市场。我国的证券市场设立30多年来，贵州茅台、中国平安、格力电器、恒瑞医药、海螺水泥、中国国旅、双汇发展、伊利股份等业绩优良的行业龙头上市公司的长期股权回报远超市场平均水平，复权股价屡创新高，市场的表现充分地体现了股票稳健增长的内在价值是有投资者青睐的。

那些市场适应能力差、经营业绩不好的上市公司虽然有时候因为短期资金集聚而拉高股价，但股价的长期表现却很差。A股的投机气氛浓厚，追涨杀跌者众，主要原因在于短炒思维根深蒂固，缺乏长期的投资理念，跟风口、炒题材、听消息，热衷于高频交易，把股票视为博弈收益的投机工具，股市被异化成博弈场。大多数的投资者并不能认清自己的股东角色，他们不认为自己与上市公司是利益攸关方，对公司的管理团队、经营情况、研发投入、市场产品状况等企业基本面不作了解，因此他们无法评估公司的内在价值、合理股价以及公司未来的发展状况，大多靠消息、谣言、图形等非基本面要素择时和选股，如此操作长期收益自然不会高，这是因为短炒的人无法克服贪婪和恐惧的人性弱点。而价值投资思想体系的安全观、收益观、风控观和持股观为长期理性投资提供了科学的投资决策架构，有助于在股市大起大落时克服人性弱点，有效调控情绪，对A股投资者具有重要的教益。

2.环境不适论者的误区

A股市场不成熟、缺少价值投资的土壤，这既是认知误区，也是因果逻辑混乱的表现。20世纪30年代是价值投资在美国产生的年代，也是美国股市投机猖獗的时代。美国过去80多年的股市发展史，并非尽善尽美，大起大落的时段也不少，业绩大幅波动、财务造假、关联交易、股市泡沫等问题同样存在，但本杰明·格雷厄姆、沃伦·巴菲特、霍华德·马克斯、彼得·林奇、大卫·史文森等投资精英通过价值投资，仍取得了耀眼的长期投资业绩。

股市是一个复杂的生态系统，由于人性的原因，完全有效的证券市场很难出现在现实中，只有以专业的眼光择时选股持股才有可能取得良好业绩。A股市场还是个年轻的市场，存在着重融资、轻投资的情况，对投资者利益的保护不力、财务造假、内幕交易、利益输送、信息披露不到位等问题长期存在，反而需要价值投资来战胜市场。投资者要获取稳定的投资回报，就需要有专业精神进行深入全面的公司研究，精心挑选管理团队优秀、产品有护城河、企业具有长期竞争力的优质公司，在出现合理股价时介入，强化安全边际，严防投资风险。投机者可能短期内获得暴利，但很少长期获利，一年一倍收益者众，五年一倍收益者稀。正是由于我国股市眼下还是一个以散户为主、投机色彩浓厚的股市，占比在95%以上的散户持有A股约25%的股票市值却贡献了80%以上的交易量，紧盯“市场先生”出错的价值投资者反而有了更多的择时和选股的机会。

国内绝大部分投资者对价值投资的认知流于表面，导致在投资中误解并错用价值投资，既不对公司的品质进行定性分析，也不考虑股票估值是否合理，简单认为买入后长期持有就是价值投资，如长期持有中国石油、中国神华、中国铝业、中国远洋等股价长期低迷的股票，以此证伪价值投资在中国的适用性。追高买入高估值股票后长期持有是违背价值投资原则的。价值投资既重视公司的基本面分析，也高度强调投资的安全边际，长期持有是有前提的，即公司的经营情况良好且股价低于其内在价值。还有人把低市盈率或低市净率视为价值投资的标准而缺少综合分析，这也不是真正的价值投资。巴菲特曾在《致股东的信》中指出：无论是否合适，术语“价值投资”被广为使用。典型地，它意味着买入诸如低市净率、低市盈率或者高红利率的股票。不幸的是，即使这些特征一起出现，对于投资者是否真正买入物有所值的股票并因此真正按从他的投资中获取价值的原则操作来说，它们也永远不是决定性的。相应地，对立的特征——高市净率、高市盈率以及低红利率——绝不与“按价”买入相矛盾。

二、胜者属谁：价量交易VS价值投资

（一）价值投资形成的历史

1551年英国出现了第一家股份公司——MUSCOV股份公司，1602年荷兰创建了第一家证券交易所——阿姆斯特丹证券交易所，1792年美国的24名经纪人签订《梧桐树协议》后建立了纽约证券交易所。“一战”后美国取代英国成为全球经济霸主，纽约证券交易所跃居为全球体量最大、交易最活跃的证券交易市场。有着逾200年历史的美国证券业经历了以下几个发展阶段。

1.1886年之前：萌芽期

这一阶段，华尔街成为美国证券交易中心，交易的品种主要是债券及银行、保险、铁路等行业的股票，此时的华尔街，投机之风盛行，暗箱操纵、欺诈掠夺现象突出，成了有钱人利用股票赌博的场地，强盗式的资本家横行其中，贿赂法官改变规则、垄断股票市场、操纵股票价格的情形屡见不鲜。市场奉行适者生存的达尔文理念，政府乐意充当守夜人的角色，认为最少干预的政府就是最好的政府，任由金融市场自由发展，散户的保护机制缺失，权力寻租泛滥成灾，价值投资未见端倪。

2.1886—1929年：野蛮发展期

美国成为全球政治、经济和金融中心，此阶段工业股票成为市场的主体，道琼斯指数成立，市场流行股市是经济晴雨表的观点，史密斯公开宣传“股票是长期投资的最好工具”和“股票价值决定其未来收益”的价值理念。多数投资者认为有了美联储的成功管理，美国经济会避开周期而长期保持增长，乐观氛围浓郁，泡沫膨胀，负债买股的景象盛行，直到经济大萧条来临。股票市场欺诈现象非常普遍，人们对信息披露不足、逼仓、坐庄、不规范销售、内部交易等习以为常。

3.1929—1954年：价值自我觉醒期

1929年10月美国股市开始崩盘，道琼斯工业指数在1932年跌至41点，跌幅达90%，直到25年之后才重回380点的高点位置。市场萧条，悲观氛围弥漫，股市少人问津，股票价格低于清算价值。之后，罗斯福坚定不移地推行新政，重新构建美国证券市场的监管框架，强化信息透明制度，禁止金融操纵，保护投资者利益。1933年之后，相继确立多部法律法规，严格监管各类主体的投资行为。价值投资理论在此阶段应运而生，经典著作在此期间出版。1934年本杰明·格雷厄姆和戴维·多德首次出版发行的《证券分析》成为经典价值投资理论的开山之作；1936年凯恩斯公开发表的《就业、利息和货币通论》阐述了股票价格决定的“选美理论”；1938年约翰·伯尔·威廉姆斯出版发行的《投资价值理论》创立股票价值的贴现原理。投资者结构在这一阶段开始变化，机构投资者在投资者中的占比上升，机构投资者以养老基金与共同基金为主体，养老基金逐渐成为最主要的机构投资者。

4.1954年至今：价值投资的成熟期

道琼斯工业指数从20世纪50年代中期的400点涨到了2020年的最高点30637.47点。20世纪50年代被称为“三杯马提尼酒”时代，是美国证券市场在20世纪的第一个“黄金时代”，期间低通胀、高增长、政府实行宏观调控、消费需求旺盛，布雷顿森林体系确立了美元的核心地位，新兴产业发展迅猛。1958年，普通股的股利收益率第一次不及长期政府债券收益率，之后证券市场的股利率就再未超过长期债券的收益率，这象征着传统价值投资策略的终结。经典价值投资理论体系经受挑战，成长股价值投资理念出现。同年，菲利普·费雪的《怎样选择成长股》出版，价值成长投资思想体系进一步确立。几乎同时，莫迪里亚尼和墨顿·米勒发表《资本成本、公司财务与投资理论》的论文，提出了著名的“企业价值与资本结构无关”的论断。1959年，马科维茨整理出版《资产选择：投资的有效分散化》一书，系统地阐述了现代资产组合理论。美国证券市场在20世纪60年代初步入了狂热的成长股投资阶段，电子技术股票如摩托罗拉与德州仪器公司被热炒，有的股票市盈率达70—80倍，市场出现IPO热潮和“联合企业”热潮，通过收购创造所谓的“协同效应”，人为拔高利润以拉升股票价格，后因行政监管“联合企业”热潮崩溃。20世纪60年代末期，概念股票盛行，投资基金集中持有预期发展迅猛的个股，甚至风格稳健的大学捐赠基金以及传统保守的金融企业都加入投机大军，最终空头战胜了市场，终结了概念股票投资热潮。20世纪70年代初，“漂亮50”浪潮出现，机构投资者纷纷购买长期成长确定性高、知名度高的股票并长期持有，如通用电气、可口可乐、麦当劳、宝丽来等行业头部公司，平均市盈率也越过了60倍，这一热潮在1973年被终结。

到2000年，美国证券市场连续上涨18年，网络概念泡沫终于破灭。此时，投资者结构发生显著变化，机构投资者的比重上升，结构逐步优化完善，以往的养老金独大变成养老基金、共同基金、保险资金三分天下的局面。1945—1965年个人投资者的持股比例均高于85%，与我国A股现在的投资者结构类似；到了1980年这一比例是63%，1985—1999年降为51%。2013年个人投资者的市值占比低至48.4%，而机构投资者的市值占比达到51.6%，实力增强，投资理念融入了现代价值投资因子。20世纪80—90年代，证券市场步入“机构投资者的觉醒”时代，机构投资者开始介入企业的经营管理，改善企业的基本面，提升企业价值，促进股票增值。20世纪90年代后期，出现了以现代价值投资理念为准则的共同基金与私募基金，证券市场历经多次牛熊转换，传统价值投资、成长股价值投资、概念炒作不断轮换，历史没有简单的重复，但惊人地相似。

2020年2月19日美国股市掀开新的一页，这轮长牛已经超过了3600天，成为历史上最长的牛市期。从2009年3月9日开始，标准普尔500指数从金融海啸触发的熊市谷底（676点）升至2020年2月19日的3393.52点，历经10年，超过1990年10月至2000年3月科技网络股那轮牛市的涨幅。这一轮美国股市的长期牛市，与互联网等新兴产业的发展与繁荣有关，脸书、苹果、亚马逊、谷歌母公司、微软、特斯拉等明星科技股的股价都创出历史新高，说明价值成长的投资价值会被机构投资者广为接受。据估算，美国的科技板块贡献了这一波牛市升幅的22%以上，仅苹果公司就贡献了标准普尔500指数涨幅的4%。从10年的周期看，标准普尔的十一大细分指数中，非必需消费品、信息技术、健康保健是3个涨幅最大的板块，累计涨幅分别超过260%、240%及170%。在更为细分的板块中，互联网及目录零售，互联网软件及服务，技术硬件、存储和外围设备，健康保健供应商及服务，专业零售是累计涨幅排名前五的板块，10年涨幅在284%—1918%。

（二）证券投资的理论流派

查尔斯·道（1851—1902年）出生于美国康尼狄格州，他是道·琼斯指数的发明者、纽约道·琼斯金融新闻服务社的创始人、《华尔街日报》的创始人和首位编辑、道氏理论的奠基者。

证券市场发展迄今已有400多年的历史，在股市发展的早期，人们并没有什么投资方法和理论，直到道氏理论的出现，才标志着人类第一次有了证券投资方面的方法和理论。在此之前，投资者对证券投资理论的思考还停留于技巧层次。查尔斯·道创立了道·琼斯指数，才让人们有可能研究股票市场的整体运动，研究个股与市场的关联性以及股票市场与国民经济整体的关联性问题，可以说道·琼斯指数体系的诞生为投资方法的理论研究创造了条件。

查尔斯·道指出："了解价值就等于洞悉市场的变动。"他强调股价由企业的价值决定，而企业的价值取决于盈利能力。虽然他不认为任何一个图形可以预示企业未来的前景，但他确信嗅觉灵敏的投机者可以从市场的进出与买卖之中获利。他的这些观点被收录在珍妮特·洛《价值投资胜经》一书中。原来著名的技术分析派祖师早就认识到，价值是驱动股价趋势的根本。当然查尔斯·道没有提出有关股票价值的具体理论，这个任务是由后人完成的。

1929年开始的美国经济大萧条，推动证券分析行业走上了职业化道路。这一行业进入科学化的发展阶段则以1952年马科维茨建立现代投资组合理论为标志。这个时期证券投资理论的研究，开始具备数理化、统计化、计量化和模型化的特征。

1.四个基本分析流派

现代投资组合理论的出现，标志着证券投资有了四个基本的分析流派，即基本分析流派、技术分析流派、心理分析流派和学术分析流派。基本分析流派和技术分析流派是完全体系化的分析流派，心理分析流派在市场重大转折点的心理把握上有其独到之处，学术分析流派在投资理论方法的研究、大型投资组合的管理及风险控制等方面具有不可取代的地位。上述各主要投资分析流派，在美国金融史上都有各自杰出的投资理论家和投资实践家作为代表。

基本分析流派是当今海外主流的派别。它以宏观环境、行业属性和上市公司的主要财务数据作为投资分析的对象与投资决策的基础，以价值分析理论为基础、以统计方法和现值计算方法为主要分析手段，企业的内在价值是测量股价是否合理的尺度。该流派认为价格和价值的偏离是导致股票价格波动的原因，这一现象存在两个假设的前提：股票的价值决定其价格、股票的价格围绕价值波动。

技术分析流派是指以股票的市场交易价格、成交量、价量变化、时间等作为分析对象与决策基础。该流派以价格判断和时机抉择为依据，认为市场供求均衡状态偏离会引起证券价格的波动，具体包括以下几类理论：K线理论、切线理论、形态理论、技术指标理论、波浪理论和循环周期理论。

心理分析流派以个体心理、群体心理分析为基础，所谓的羊群效应、逆向思维等均属于这一范畴。该流派认为市场心理平衡状态的偏离会引起股票市场价格的上下波动。个体心理分析基于人的生存欲望、权力欲望、价值欲望，旨在解决投资者在买卖决策过程中形成的心理障碍问题。群体心理分析基于群体心理理论与逆向思维理论，旨在解决投资者研究市场时的视角偏差问题。

学术分析流派（组合证券投资分析）强调价值被低估的股票并长期持有，代表人物如格雷厄姆和巴菲特。该流派按投资风险水平选择投资对象，以获取平均的长期收益率作为投资目标，而其他流派大多以“战胜市场”为投资目标。学术分析流派认为价格与所反映信息内容的偏离会引起证券价格波动，哲学基础是“效率市场理论”。

2.价值投资理论流派的演变

道氏理论的创始人查尔斯·道曾指出“了解价值就等于洞悉市场的变动”，当然他没有提出有关股票价值的具体理论。查尔斯·道意识到了股票价值对于股票投资或投机操作的重要性，但关于股票价值的完整认识却是由后人来完成的，而且经历了一个漫长的过程。价值投资作为一种明确的投资理论和投资策略始于20世纪30年代，经过美国众多投资精英不断实践和总结，形成了较为完善的体系。在这期间，价值投资在美国投资界产生了深远影响，造就了沃伦·巴菲特、约翰·邓普顿、约翰·聂夫、查理·芒格、彼得·林奇、霍华德·马克斯、安德烈·科斯托拉尼等一批价值投资大师。

20世纪20年代华尔街对股票投资观念产生变化。1922年，纽约市的债券经纪业协会请埃德加·史密斯一起编写一本小册子，内容是解释最好的长期投资工具是债券而非股票的原因。当时华尔街的流行观点认为，债券是用来投资的，股票是用来投机的，这成为华尔街的“经典智慧”。但是当埃德加·史密斯详细地研究证券市场的历史之后，他发现事实并非如此，相反每经过一个20年的跨度，股票的收益都会轻易胜过债券。1924年，他出版了

《用普通股进行长期投资》（或译为《作为长期投资的普通股》）一书，详细阐述他的研究成果。该书的出版引起了轰动，它颠覆了华尔街之前的主流观点。史密斯因此声名鹊起，他成立了自己的共同基金，并且被英国著名经济学家凯恩斯邀请成了英国皇家经济学会的成员。

史密斯认为，如果选择长期投资工具，普通股胜过债券，前者的长期投资收益更高。如果投资者能投资组合多元化，假以时日是不会赔钱的，尤其是买入一些前沿领域的头部公司。史密斯认为，因为股票较少受到通货膨胀的影响而导致价值损失，股票能够使投资者一定程度上共享美国经济增长所带来的益处，而债券和其他资产不具备这一特性。他的观点被广泛传播，成为支撑20世纪20年代美股牛市不可或缺的理论。

（1）经典的价值投资策略。

20世纪30年代，本杰明·格雷厄姆将富有逻辑的分析原理引入到股票市场的投资中，提出了价值投资概念，被誉为“价值投资之父”。格雷厄姆和多德合著的《证券分析》（1934年）对价值投资理论进行了全面阐述，该专著发表后引起很大反响，华尔街的很多专业证券分析师都成为价值投资理论的信徒。

1938年，约翰·伯尔·威廉姆斯在其《投资价值理论》一书中首先使用了“贴现”概念，提出了计算股票内在价值的公式，后经耶鲁大学的欧文·费雪进一步发扬光大。作为美国首位数理经济学家，欧文·费雪设计了著名的股票现金流贴现模型，后被广泛使用。

随着第二次世界大战的结束，20世纪50年代后世界经济进入了一个新的发展时期。上市公司的业绩普遍一年比一年好，人们对上市公司的业绩预期看得更长远了。菲利普·费雪出版了《怎样选择成长股》，发展了格雷厄姆的基本分析方法，使上市公司的成长性成为当今我们选择股票的重要标准之一。

巴菲特是格雷厄姆和费雪理论的忠实实践者，他是这么说的：我的思想85%来自格雷厄姆，15%来自费雪。1969年，39岁的巴菲特从费雪的著作《怎样选择成长股》得到了很大的启发，他的搭档芒格使费雪的公司特质理论进一步具体化，巴菲特完成了认识的飞跃，他扬弃了格雷厄姆的“雪茄烟蒂法”，接受了以合理的价格购买非常优秀公司的股票代替以超低的价格买一个平庸公司股票的理念。至今很多人把巴菲特的价值投资、长期持有、集中持股为特征的投资方法作为价值投资的经典方法。近些年来，巴菲特的投资理念又有了新内涵，他大量购入了苹果公司的股票，他曾在2019年的股东大会上说：“现在美国4个市值最大的公司（苹果、谷歌、微软和亚马逊），总市值约6.2万亿美元，但是这些公司并不需要有什么有形的资产。回望股市的历史，一些大公司如埃克森美孚、通用、AT&T等均属于资本密集型产业，需要有极大的资金投入才会带来净利润，以往这种有形的资产很重要。这种公司的净值越大，其盈利能力也越强，投资者所付出的金额也会越来越大。但现在的标普500指数成分股的有形资产收益率和20年前比发生了很大变化，现在是一个轻资产的时代。”

（2）低估值、国际化的价值投资策略。

20世纪60年代后，世界经济出现了全球一体化的苗头，1999年被美国*Money*杂志誉为20世纪全球最卓越选股大师的约翰·邓普顿敏锐地意识到世界经济一体化将是未来的主要趋势，他逐步地将手下的基金在全球主要市场进行布局，成了进行全球投资的先驱之一。在投资过程中他善用基本面分析而非依赖于技术面操作。他永远都在找寻便宜的股票并在市场气氛悲观的时候出手买进，因此约翰·邓普顿也被归类为逆向操作型的价值投资者。谈起了约翰·邓普顿的投资哲学，标签不外乎是便宜和全球性。

（3）温和的价值投资策略。

20世纪70年代，美国又出现了一位伟大的投资家——彼得·林奇。他的《彼得·林奇的成功投资》非常畅销，他在书中记述了自己的投资经历，阐述价值投资的观点。他的价值投资策略被后来的多数价值投资者接受。他要求以股票的价值为投资依据，但选股标准不像巴菲特那样严格，也不强调长期持有，鼓励高抛低吸，鼓励建立投资组合。应该说当代大多数投资经理采用的投资方法都是彼得·林奇的温和的价值投资方法。

（4）趋势—成长—波段的价值投资策略。

安德烈·科斯托拉尼是德国20世纪末的投资大师，他的投资方法也有独到之处，热衷于中期大波段操作，既根据大盘的趋势参与投资，又按上市公司的基本面进行选股。他对选时选股有很多经典的论述，如首先要考虑普遍行情，然后才是选择股票，喜欢所谓的“逆转股”。他的投资方法在新兴市场国家的股市比较实用，这些国家的股市长期的稳定性差，短期的波动幅度大。2000年前后，A股的第一批投资基金成立之初，一大批基金经理都是从研究员转型而来，他们采取巴菲特的投资策略，但是成效不好，几年之后他们纷纷采取了科斯托拉尼的方法，成了“趋势+价值成长”型的投资者。

3.当代价值投资演变的特点

（1）基本分析与技术分析相融合，形成了综合模型分析与投资组合为一体的投资方法。典型代表如英国施罗德资产管理公司的选股模型和投资组合方法。他们的技术分析方法要点：首先要了解现在的大势，不要相信自己对股市近期走势的判断，特别是自己对大盘点位和股票价位的预测，但要坚定地相信自己对大势中长期趋势、股票的绝对价值和风险的分析，在此基础上再进行投资组合。

（2）对股票的投资价值的分析越来越受到重视，但巴菲特式的绝对纯粹的价值投资方法不再是主流方法，多种形式的价值投资方法逐步被推广采用。

（3）随着资本市场逐步成熟、多层次的资本市场的形成，以及养老基金的投资需求，对冲投机、保守投资的方法也成为很多投资者喜爱的投资方式。

第二章

选对行业是价值投资的起点

一、做多祖国：顺国运、应大势

巴菲特说：“人生就像滚雪球，重要的是发现很湿的雪和很长的坡！”他还说过，没有人可以靠做空自己的祖国而成功。他在2019年的《致股东的信》中回顾他的投资历程时说过，他是赢得了“卵巢彩票”的幸运儿，他把自己的成功部分归结于自己出生在一个好时代、一个好国度。他投资事业的成功离不开美国在“二战”后的崛起、经济飞速发展的大背景，换句话说，美国的国运造就了他的投资传奇。这是巴菲特对雪坡理论的最佳阐释：做好投资需要选对行业赛道，更需要稳定繁荣的国家经济！

当今中国正处在综合国力日益强盛的时期，做多中国，与祖国同行，顺应时势，分享国家发展的成果，这是投资成功的基础。

资本市场的基础是综合国力，资本市场是国家战略的重要组成部分。一方面，资本市场具有优化资源配置、服务实体经济的作用；另一方面，资本市场又是个人和家庭提高财产性收入的重要途径，通过资本市场我们可以分享经济高速发展和民族复兴的成果。

时代在前行，产业在变革，世界处于百年未有之大变局之中。中国正处于历史性的关键拐点。随着综合国力的不断提高，国民对国家认同的不断提升，资本市场改革在不断深入，股票市场将迎来新一轮的发展是大概率事件。看多中国，做多中国，是正确的战略选择。资本市场，连接实体经济，是发展实体经济的高效助推器。购买优秀上市公司的股票，就是为它们扩大再生产提供所需的资金。优质上市公司，是行业的领头羊，它们发展好了，就业就多了，收入就高了，自然而然地，国家的经济活力和实力就会不断增强，个人都能直接或间接从中获益。

中国已成为全球第二大经济体、第一制造业大国和最大的货物贸易国，正逐步走向世界舞台的中央。中国正处在全面建成小康社会的关键时期和深化改革开放、加快转变经济发展方式的攻坚时期。中国整体科技实力和竞争力的明显提升在促进经济社会发展和保障国家安全中发挥了重要的支撑引领作用。当前，国际科技竞争与合作不断加强，新科技革命和全球产业变革步伐加快，中国科技的发展面临着重要的战略机遇。中国的工业体系、交通运输、信息通信、能源供给等基础产业和基础设施已经实现重大飞跃，中国拥有41个工业大类，191个中类，525个小类，是全世界唯一拥有联合国产业分类中全部工业门类的国家，构建了强大的产业集群，中国制造有着更低的成本和更高的效率，打造了全球竞争力。中国的电子商务、线上娱乐、移动支付、本地生活等互联网创新领先全球。

巴菲特、瑞·达里奥、罗杰斯等众多的投资精英均用不同方式表示做多中国、看好中国。全球最大对冲基金掌门人瑞·达里奥在资本市场动荡的2019年8月仍然表示："投资者需要进入中国，不投资中国非常危险……10年或15年后的中国一定会让今天的人再次吃惊。"股神巴菲特本人也是唱多中国和做多中国的典型代表。就在2019年5月份举办的伯克希尔-哈撒韦股东大会上，巴菲特说："过去几十年，中国发生的变化令人难以置信，这些变化还将继续，中国经济也会继续增长。伯克希尔-哈撒韦公司已在中国投入很多，但仍然不够。未来15年内，公司可能会在中国市场进行更大规模的投资。"

国际资本对中国市场的追逐和认可，既是对中国经济有力复苏、行稳致远目标的看好，也是我国金融市场积极开放、锐意改革结出的硕果。2020年以来，新冠肺炎疫情席卷全球，我国经济也备受冲击，但我国发挥制度优势有力地控制住了疫情，在全球仍受疫情影响、经济复苏前景不明的情况下，中国顺理成章地成为全球资金的"避风港"。

中国市场从未像现在这样吸引全球资本的目光，对于“聪明钱”来说，诚如达里奥所言，进入中国宜早不宜迟。相对稳定的经济、快速完善的交易机制、日益健全的市场环境、相对较低的估值以及长期以来资产组合中偏低的配比，这些因素成为全球市场普遍认可的逻辑。而更多全球头部机构加快布局，必然带来示范效应，更多机构将从唱多中国，转变成做多中国。

二、舍我其谁：紧盯黄金赛道

投资如同播种，当你在肥沃的土地中撒下种子，收获会远大于在贫瘠的土地耕耘。对价值投资而言，行业如土地，其重要性不亚于个股。那些符合国家产业导向、具有宽广市场空间的行业被称为黄金赛道，选择黄金赛道通常会带来超高的收益。

帕特·多尔西说："有些行业赚钱就是比其他行业容易，尽管行业是否有吸引力并不代表企业价值的全部，但对企业所处行业竞争前景有一个大致的把握是相当重要的。"投资经验丰富的人都明白，在特定的阶段配置某些行业可以更容易地获取超额收益。这是行业逻辑在发挥作用。当某个行业整体趋势向好，行业中大多数公司都会受益，在其中选出优秀的企业投资就可能获得较好的投资收益。如果行业趋势不好，即使最优秀的公司收益也不会好。芒格也说："有一个模式让我很困惑，许多行业市场最终会变成两三家或者五六家大型企业的天下。但是在一些行业中，没有哪家公司能赚到钱。而另一些行业中，则每家公司都很赚钱。这些年来，我们总是试图弄清楚一个问题，为什么某些行业市场的竞争比较理性，能给股东带来很多收益，而另一些行业市场的竞争却是破坏性的，摧毁了股东的财富……"可以说，行业好比坡与雪，只有长坡厚雪才有可能让雪球越滚越大。

不同行业估值溢价不同，主要取决于行业所处的生命周期、政策影响、行业需求、市场空间、盈利模式、进入壁垒、产业集中度和竞争结构等，尤其是要关注以下几点。

（一）行业所处的发展阶段

大部分的行业都会经历起步、成长、繁荣、衰落等几个发展阶段，很少有行业能够长久不衰，成长期和繁荣期是一个行业黄金时期。只要弄清楚了行业发展阶段，就能够正确地分析行业的竞争格局、核心竞争力，进而找出推动市场预期变化的“核心驱动要素”的前提条件。错误的生命周期假设，容易推导出错误的“超预期”逻辑。

投资者有时喜欢用行业景气度来形容行业的投资价值，选择景气度向上的行业，那种爆发性增长的行业会带给投资者行业发展的红利。对于成长股投资者来说，更热衷于那些处在成长期（或初创期）、符合社会经济发展方向、产业政策友好、行业空间大且具有一定进入壁垒的行业的个股。价值投资者更愿意选择处于繁荣期、产业政策友好、行业竞争结构稳定、低估值的行业龙头企业。

国内的像钢铁行业，之前产能过剩导致了价格持续下跌。这时候的投资机会来自供给侧的去产能，供给侧的去产能促使过剩产能快速出清，可以带动产品价格上扬；而具有垄断经营能力的企业可通过低成本兼并劣势企业，扩大市场份额，降低产品生产和销售的边际成本，从而进一步构筑市场壁垒，获得产品的定价权。因此，那些在行业衰落期末端仍有良好现金流的行业龙头企业，在大量同类企业纷纷陷入困境之时率先迎来拐点。

（二）政策导向

环境影响行业，行业决定战略，战略对接策略。投资需要从国家政策导向分析行业的前景，衡量行业所处的大环境。A股中好的行业需要政策推动，“站在风口上猪都会飞”就是这个道理，顺势而为、乘势而上往往会飞得更高更远。在界定行业的发展阶段后，需要分晰行业整体发展的环境，最重要的是产业政策，理解产业政策的长短期作用。

政策包括国家层面和区域层面的产业政策、财税政策、贸易政策等。政策可以是鼓励性的、友好的，例如风电、太阳能的补贴政策，也可以是惩罚性的，例如环保排放方面的严厉监管政策。当政策出现时，市场可能会形成过于乐观的看法或过于悲观的看法，但行业本身的发展规律并不会因市场的看法发生实质性的改变，有时候会形成所谓的超预期。比如新能源汽车领域就经历过这样的过程，在补贴时代龙头公司表现并不是很好，大量补贴和热钱带来更多的竞争对手，当补贴慢慢消失龙头公司的股价反而强劲上涨，这是因为市场开始了优胜劣汰，将弱的竞争对手出清。

2019年爆发的中美贸易摩擦、日韩贸易摩擦给半导体产业蒙上阴影，全球半导体产业在2019年可谓是风雨飘摇，很多大的芯片公司业绩出现下滑，行业低迷，产业中并购和重新洗牌案例增多，大鱼吃小鱼的现象频繁，不仅行业底端的竞争很激烈，就连行业金字塔顶端、腰部的竞争也开始加剧，没有一家企业可以坐享其成，这也是产业创新和变革的前奏。在半导体产业即将迎来爆发的2020年，2019年有很多新闻是重磅级别的，引起了全球产业人的重点关注。随着5G和AI的发展，芯片需求在增长，这就是机遇。2019年我国政府开始鼓励和密集出台政策扶持芯片产业，专门成立了国家制造业转型升级基金股份有限公司，主要围绕新材料、信息技术领域开展投资，而信息技术的核心就是芯片。芯片产业在国产替代的呼声中挥鞭驰骋，马蹄声急。这将是全球半导体产业转移的开始，也是留给我们弯道超车的最好时机。芯片概念股从2019年中开始兴起的波澜壮阔的行情持续到了2020年第一季度，这是市场对产业政策所作的强烈回应。

（三）行业的规模

政策导向属于行业发展的外部环境，在这方面有了清楚的认识之后，就需要对行业的内部结构进行微观分析，包括行业结构、竞争格局和财务指标等。

1.行业结构

行业结构描述了需求的细分结构（地域、性别、年龄、群体……），供给的总体特征（竞争优势、资源禀赋、集中度）和供需匹配的整体特征（行业价值链分析、竞争格局描述）。传统行业看供给，新兴行业看需求。

当前，全球科技创新处于空前密集活跃阶段，新一轮科技革命和产业变革正在改变世界的创新版图和经济结构。以量子信息、人工智能、移动通信、5G、物联网、区块链为代表的新一代信息技术加速突破应用，以合成生物学、脑科学、基因编辑、再生医学等为代表的生命科学在催生新的变革，机器人、数字化、新材料相融合的先进制造技术正在加速推进制造业向智能化、服务化、绿色化转型，以清洁高效可持续为目标的能源技术加速发展将引发全球能源变革，空间和海洋技术正在拓展人类生存发展新疆域。

产业技术变革和优化升级带来新动能、新技术，制造业产业模式和企业形态的根本性转变将催生新业态、新模式。新动能、新技术、新业态、新模式为我国产业迈向全球价值链中高端、推动我国经济实现高质量发展提供更好载体。国内一些产业正抓住新一轮的科技革命、产业变革带来的新机遇，促使产业迈向全球价值链中高端，在加快步伐培育“中国品牌”，推动中国制造向“中国智造”和“中国创造”转变。这个伟大的时代变革，将产生一些杰出的公司，为价值投资带来肥沃的土壤。

2.竞争格局

通常我们把竞争格局简单划分为完全竞争、垄断竞争、寡头垄断、完全垄断四种。

竞争格局最好的行业，基本具有垄断属性（不包含行政因素导致的垄断如公用事业），业务具有较深的护城河和较高的进入壁垒，企业主体不是价格接受者，而是具有“定价权”，他们可以通过定价来实现剩余利润最大化。

完全垄断或者寡头垄断的市场。市场份额排名第一的企业凭借优势，牢牢地占据着龙头地位，把竞争对手远远地甩在了后面。这样的行业往往具有很高的市场准入门槛或者独家企业具有特质产品。特质产品指的是那些市场没有或者缺少相近替代品的产品。

双寡头垄断。双寡头垄断指市场份额主要由两家供应商掌控的垄断现象。有这样一个段子形容互联网市场：老大和老二打架，老三消失了。行业的细分市场经过摔打，结局是“双寡头”出现，比如可口可乐与百事可乐、波音和空客、格力与美的、摩拜与ofo、饿了么与美团等。有研究资料显示，双寡头垄断的行业是最有机会构成有序竞争的行业，因为寡头中的任何一个都具备领先市场的强大实力，都有对手难以击倒的稳定发展能力，不会以击倒对方作为自己的发展战略，这就避免了价格战，这是行业正常发展的前提条件。双寡头的良性竞争加速了市场发展，为了更多的用户、更高的市占率，只能不断优化产品形态、创新经营模式，在竞合中壮大。从统计的角度来看，行业的利润确实随着集中度的提高而增加，双寡头格局的稳定拓展了市场深度与宽度。

三强并立。3家公司的产品同种不同质，每家企业各自拥有独特的竞争优势，虽然竞争激烈，哪家都不会被打倒，如全球评级市场的穆迪、标普、惠誉3家评级机构，中国基础电信领域的三大运营商中国电信、中国移动和中国联通，我国柴油发动机行业的潍柴动力、玉柴动力和康明斯，由于三者各有优势，长期形成了三足鼎立的格局。

完全竞争的市场。同台竞争者众，产品同质无差异，没有一个企业有价格主导权，企业是市场价格的接受者而不是制定者，如PCB行业、LED封装行业，CR4（排名前4位的企业的销售额占行业总的销售额的比例）比较低，PCB行业的CR4仅为18%，龙头企业都很难扩大市场份额，国内的企业更难脱颖而出。

3.财务指标

在对行业进行定性分析之后，需要定量分析验证。那些“关键假设”要素，需要借助杜邦分析在财务的要素中体现。成长性价值投资者往往选择景气度高的朝阳产业、新兴行业，景气度高那么利润这一关键指标就会反映，毛利率反映产品成本，净利润反映了销售、管理、财务费用控制情况，这两个利润指标都是领先的指标，由需求导致。此外，其他的指标如成长性、财务杠杆、期间费用率、非经常性损益、综合税率、少数股东权益、存货、应收、应付、现金流、ROE等都会有所变化。如果行业的利润率较低，那么其周转率应该较高；如果行业的ROA高，那么资产负债率应该低；如果行业出现高增长，那么应收账款周转天数、库存周转天数也会趋于提高；如果行业未来将出现需求的快速爆发，那么增加产能的固定资产投资应该很快出现大幅增长；如果行业未来是标准化竞争格局，那么规模优势成为主导，行业的毛利率、销售费用率可能会同步提高，而管理费用率会下降。

三、新时代A股的黄金赛道

（一）创新药及CRO/CDMO

创新药的专利保护期一般长达20年，在专利保护期内，创新药没有竞争对手，可以构筑宽深的业务护城河。艾昆纬（IQVIA）报告显示，2012—2018年美国创新药的销售量占比逐年降低，但销售金额的占比一直保持在75%左右，可见创新药上市后制药企业在市场上拥有绝对的定价权，可以保证前期高额投入取得足额回报，形成资本驱动研发、研发带来收益的良性循环。

近年来，为了提高医药企业的创新能力，加速国产替代的步伐，我国国内实施了创新药审评审批提速、药品上市许可持有人制度、医保目录谈判和动态调整等政策。广阔的发展空间吸引了大量社会资本，国内的生物医药创新进入了天时地利人和的佳境，市场方兴未艾。图1是我国主流技术端痛点及创新技术。

创新药早期研发作为高风险、高回报、高技术壁垒的项目，对资本和医药企业都是一项巨大的挑战。创新药领域有个知名的“双10”定律：即研发成功一款创新药要10年时间，费用投入需要10亿美元。机构的最新数据显示，近期新药的研发成本约为25.58亿美元，比之前的10亿美元增加了约1.6倍。创新药研发费用之所以如此之高是因为研发周期长、环节众多。为了提高研发效率，优化公司资源，各大医药企业通常把研发流程中的不同阶段的

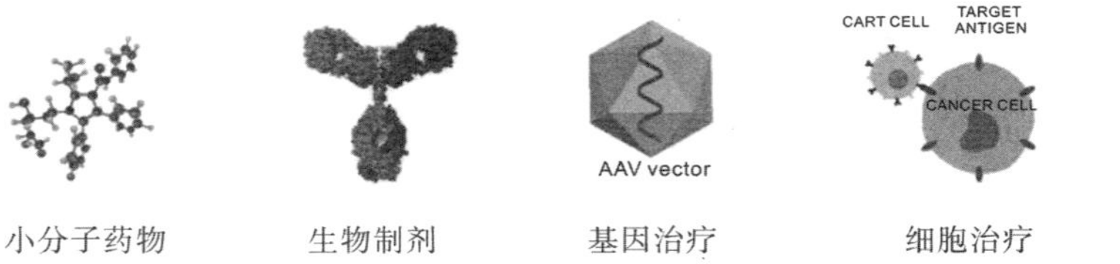

	小分子药物	生物制剂	基因治疗	细胞治疗
技术痛点	靶点的选择性 脱靶不良反应 Trial and Error 分子发现	制备工艺复杂 价格高 难以靶向细胞内靶点	安全隐患 给药方式限制 限制单基变异疾病	自体细胞 制备流程复杂、价格高 安全差
创新技术	双特异分子 PROTAC AI新药发现	双特异性抗体 纳米抗体	创新给药载体 无错基因编辑	异体细胞 制备工艺自动化

图1　主流技术端痛点及创新技术

工作委托给专业的公司，创新药的研发外包行业应时而生。目前市场上比较流行的趋势是VIC模式，即“VC（风险投资）+IP（知识产权）+CRO（研发外包服务）”相结合的新药研发模式。根据新药研发领域中客户服务阶段的不同，医药研发服务一般分为合同研发服务（CRO）、合同生产服务/合同生产研发服务（CMO/CDMO），分别对应创新药研发领域中的临床前研究及临床研究、定制化生产及研发服务等产业链的不同环节。图2是新药研发流程及CRO的主要职责。

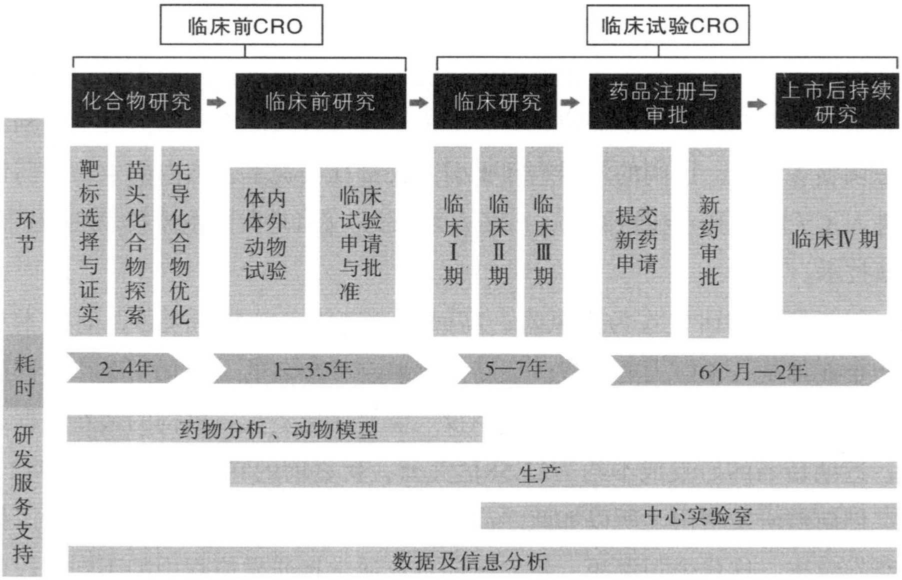

图2　新药研发流程及CRO的主要职责

国内研发外包经历了3个阶段：

第一阶段为1996—2008年，外资药企开始离岸外包，国内研发外包产业依靠外资药企的临床前项目，形成初步规模，如药明康德、凯莱英、康龙化成等出现在这一阶段。

第二阶段为2009—2015年，外资药企的市场增速在金融危机的冲击下下滑，越来越多的外资药企选择在我国开展临床试验以拓展中国市场，催生了临床外包公司如泰格医药、博济医药。

第三阶段为2015年至今，与前两个阶段不同，这一阶段的动力源于国内创新药研发的高速发展。2015年发布的《关于改革药品医疗器械审评审批制度的意见》，标志着药品医疗器械审评审批改革启动，宽松的环境使国内的创新药研发项目如雨后春笋般出现。

在我国人口老龄化程度不断加深的背景下，消费的升级、新技术的突破、赋能体系的完备等将促使创新药行业加速成长，而癌症、神经退行性疾病、免疫类疾病等领域又有着巨大的潜在市场需求。

人口老龄化一直是推动医药行业需求增长的最主要动力之一。据国家统计局数据，过去10年（2010—2019年），我国60岁及以上人口数从1.77亿增长至2.53亿，预计到2025年将突破3亿。数据显示，60岁及以上老年人慢性病的患病率是总人口的3.2倍，老年人对卫生资源的消耗率是总人口的1.9倍，老龄化将会带来巨大的医疗健康需求，这将为创新药及研发外包行业提供广阔的市场空间。

融资环境的宽松使创新药企业的融资可得性提高。科创板、港交所放开了上市限制，有利于Biotech公司（创新药企业）的融资。上交所发布的《上海证券交易所科创板股票上市规则》重点聚焦有核心技术的“硬科技”产业，而非靠商业模式创新的“软科技”产业，对于预计市值不低于40亿元的医药企业，如果有一项核心产品获准开展二期临床试验，便具有科创板申请上市资格，这种重研发、轻资产的战略定位为我国创新药企业尤其是初创型创新型企业提供了重要的融资渠道，这也惠及创新药产业链中的服务商CRO和CDMO企业。在2010年前后创立的创新药Biotech公司中，目前已经有不止8

家公司实现IPO上市（见表1）。

表1　部分已经实现IPO上市的创新药Biotech公司

企业	成立时间	资本市场	主要业务	市值（亿元）
百济神州	2010年	纳斯达克/港交所	肿瘤及自身免疫疾病	1800+
信达生物	2011年	港交所	抗体类药物	700+
君实生物	2012年	港交所/上交所	肿瘤及自身免疫疾病	700+
复宏汉霖	2010年	港交所	生物类似药	170+
康方生物	2012年	港交所	双特异性抗体	150+
康宁杰瑞	2008年	港交所	双特异性抗体	120+
亚盛医药	2010年	港交所	细胞凋亡类药物	50+
开拓药业	2009年	港交所	小分子药物	20+

注：市值为2020年10月30日收盘时按人民币计算的市值。

政策驱动因素。带量采购政策和创新激励政策，将引导医药企业重视研发。2015年至今的一系列政策引导企业向创新和临床价值方向转型，越来越多的企业认识到只有抓住这一创新机遇才能在以后的竞争中拥有话语权（见图3）。

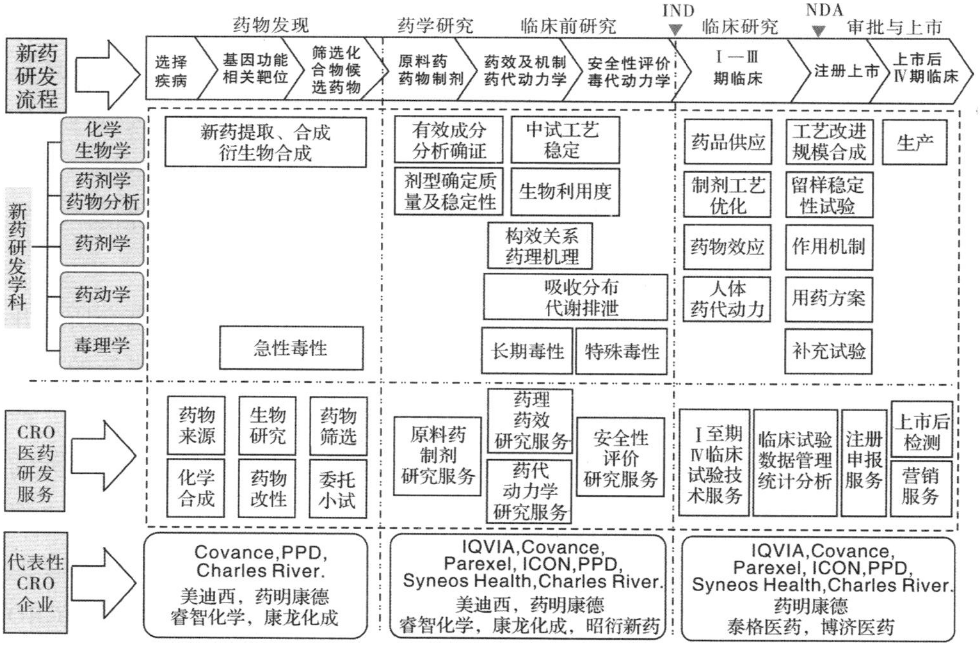

图3　重视研发的医药企业

（二）轻医疗美容的黄金赛道——玻尿酸

鼠年中国股市的最后一个交易日，4000多只中股价排名第一、第二的分别是贵州茅台、爱美客。贵州茅台和爱美客分别以2601元、1215元的价格刷新了历史股价新高。前者是白酒行业的领军企业，后者是医疗美容行业的玻尿酸龙头，这说明了医疗美容股被A股投资者热捧。

A股医疗美容行业指数在2020年上涨了72.6%，爱美客从2020年9月28日上市第一天的311元上涨至1331元（2021年2月18日最高价）。

医疗美容可分为手术类（重整形）和非手术类（轻医疗美容）两大类（见表2）。前者包含眼睑整形、鼻整形、口腔牙齿矫正、植发等头面部项目，丰胸等胸部项目，以及吸脂等身体项目。后者包含注射项目（肉毒毒素、玻尿酸等）、光子嫩肤等面部年轻化项目以及牙齿美容等其他项目。与手术类医疗美容项目的创伤大、风险高、价格高不同，非手术类医疗美容项目创伤小、风险低、单价低，尽管需要重复消费以维持效果，但仍具有更高的市场接受度和复购率，市场规模增速更快。

表2　医疗美容的分类

手术类医美项目（重整形）	非手术类医美项目（轻医美）
·头面部： 眼睑／耳部／鼻整形、脂肪／假体填充、修复手术、植发、口腔牙齿矫正等 ·胸部： 丰胸、去副乳、胸部修复等 ·身体： 吸脂、脂肪填充转移、身体塑性等	·注射类： 肉毒毒素、玻尿酸等 ·面部年轻化： 光子嫩肤、热玛吉、激光脱毛、射频紧肤、果酸换肤、皮秒激光等 ·其他： 牙齿美容等

近年来，随着居民收入的持续增长、民营医疗美容机构数量的大幅增加以及网红文化催生的当代人审美趋势的变化，我国的医疗美容需求激增。轻医疗美容市场异军突起，轻医疗美容行业的规模占医疗美容市场65%—70%的份额。图4为中国医疗美容的发展历程。

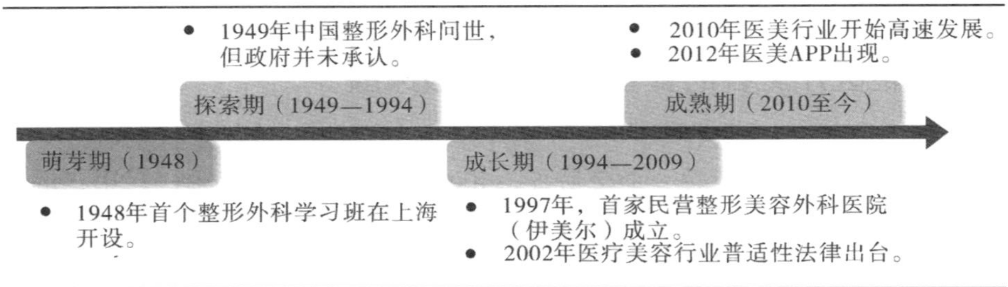

图4　中国医疗美容发展历程

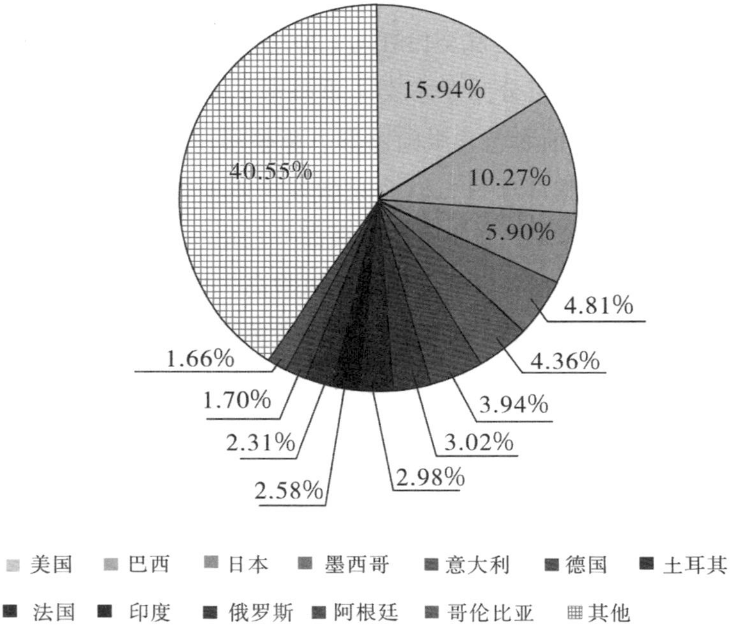

图5　2019年主要医疗美容市场发达国家的份额

2017年我国成为全球第二大医疗美容市场，作为全球医疗美容增长最快的市场，我们可能就在2021年超越美国，成为医疗美容第一大市场，预计2023年的市场规模为3115亿元。根据机构统计，2012年以来的8年时间里，我国医疗美容市场规模的年复合增长率为28.97%。但是中国内地的渗透率仅为2.4%，与中国香港的3.8%、日本的10.3%、美国的15.7%、韩国的20%相比，差距还很明显，可拓展的空间非常大。根据Frost&Sullivan统计，2019年中国透明质酸填充剂市场的规模约为47.6亿元，预计未来5年的复合增长率在20%以上。图5是2019年主要医疗美容市场发达国家的份额，图6是中国医美手术类与非手术类市场规模增速。

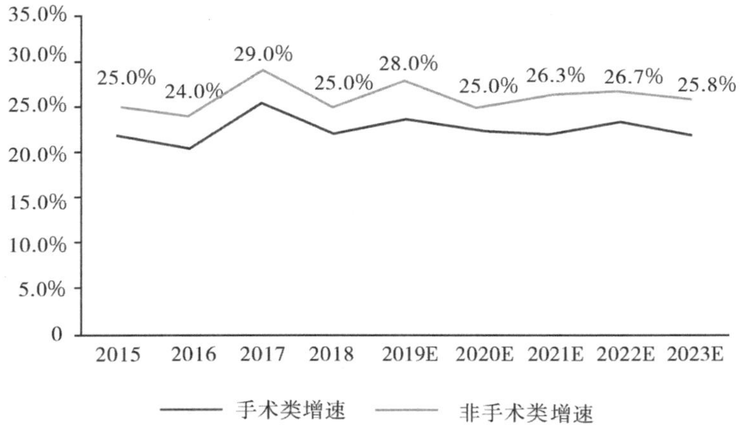

资料来源：Frost&Sullivan，东吴证券研究所。

图6　中国医美手术类与非手术类市场规模增速

医疗美容行业的产业链以3个环节为核心：上游的原料及药械供应主体、中游的服务主体（公办医院的整形美容科室、民办的医疗美容医院和数量庞大的小型诊疗机构）和下游的揽客平台（线下线上的广告媒体、线上搜索类平台、线上垂直类医疗美容和大健康平台、线下的美容院SPA会所医院等导流机构）。

上游是最核心的部分，医疗美容原料需要有较长的研发周期和认证周期，技术要求高、管制较严、市场准入壁垒较高。上游的原料及药械供应主体主要从事玻尿酸、肉毒毒素等药品以及射频激光等器械设备的研发和生产，整体市场规模（正品市场）占产业链的10%左右，原料主要包括玻尿酸填充剂、肉毒素、胶原蛋白等，器械主要包括激光美容器械等。医疗美容平台用户数据显示，玻尿酸和肉毒毒素注射类项目合计占比约99%且保持快速增长。根据医疗美容服务在线平台新氧基于用户数据、机构调研等获得的数据，2019年注射类医疗美容消费项目中玻尿酸占比66.59%，同比增长5311%，肉毒毒素注射类占比32.67%，同比增长90.56%。

高门槛导致高壁垒，高壁垒带来高利润。国产玻尿酸填充剂生产商有“三剑客”：华熙生物、爱美客、昊海生科。这3家的纯玻尿酸产品毛利率基本在85%以上，注射类项目占行业总体量的60%左右，玻尿酸最受欢迎。目前国产玻尿酸主要占据中低端市场，正向高端市场发展。近年来玻尿酸填充剂本土品类不断增多，国产品牌市场份额不断增加。以2016—2019年为例，主要国产品牌市场销售收入份额从20.5%提升至28.1%，提升7.6个百分点。从销量上看，排名前五的企业有3个为中国企业，分别为爱美客（26.5%）、华熙生物（16.1%）、昊海生科（12.0%）。目前进口替代空间很大，国产高端品牌正谋求突破。从2019年销售收入看，前三大厂商均为海外公司，占据了约60%的市场份额，在中高端消费群体有较大的影响力。随着我国技术不断进步，国产玻尿酸部分产品已逐步在高端市场取得突破，但消费者仍存有偏见，但随着未来接受度提高，国产玻尿酸的市场份额有望持续提升。

华熙生物：贯通产业链的头部企业，全球透明质酸产业龙头。主营原料产品、医疗终端产品、功能性护肤品三大块，一体化优势明显，长期发展值得期待。

爱美客：国内玻尿酸第一品牌。公司已经形成包含差异化透明质酸钠注射剂（水光、填充、塑型、含麻等）、含微球类注射剂（童颜针）、A型肉毒毒素、埋植线、体重管理类产品的组合化布局，各产品功能定位均有差异，具备较强的协同性，公司在医疗美容赛道竞争优势突出。

昊海生科：国际化的医疗器械平台型企业，现有眼科（44%）、医疗美容（19%）、骨科（22%）、防粘连及止血（12%）四大优质赛道，产品在各细分均处于行业领先位置。

（三）高端医疗

高端医疗器械行业涉及医药、机械、电子、塑料等多个行业，属于多学科交叉、知识密集、资金密集的高技术产业。在医疗器械的产业链中，上游为电子器件供应、材料供应等基础设备支撑，中游为医疗器械的制造和检测，下游为医疗机构、实验室等其他终端市场。

习近平总书记2020年3月2日在北京考察新冠肺炎防控科研攻关工作时指出，生命安全和生物安全领域的重大科技成果也是国之重器，疫病防控和公共卫生应急体系是国家战略体系的重要组成部分。要加快补齐我国高端医疗装备短板，加快关键核心技术攻关，突破技术装备瓶颈，实现高端医疗装备自主可控。

2021年3月11日消息，十三届全国人大四次会议表决通过了《中华人民共和国国民经济和社会发展第十四个五年规划和2035年远景目标纲要》（以下简称“十四五”规划）。“十四五”规划在“专栏4制造业核心竞争力提升”中提到要突破腔镜手术机器人、体外膜肺氧合机等核心技术，研制高端影像、放射治疗等大型医疗设备及关键零部件，发展脑起搏器、全降解血管支架等植入产品，推动康复辅助器具提质升级。

我国的医疗器械市场将迎来大发展成为业界共识。相关统计数据显示，预计到2022年，这一市场规模将超过9000亿元。新冠肺炎疫情再次凸显了医疗器械的重要作用，也让大家认清了发展中的问题，如高端医疗器械研发、核心零部件和关键材料等方面亟待提高。

高性能医疗器械附加价值高、学科交叉多、技术门槛高、发展前景广，在医学临床诊疗以及健康保障中扮演重要角色。目前，我国医疗器械在基础材料、高级工艺、核心器材与部件、智能系统等方面还面临着发展的瓶颈。我国医疗器械行业与国际医疗器械巨头仍有一定的差距，相关基础学科和制造工艺落后，高端医疗器械主要依赖进口，虽然部分国产创新医疗器械和高端医疗器械在技术层面与跨国公司产品无显著差异且具有价格优势，但医疗行业对安全可靠性的要求很高，对价格相对不敏感的三甲医院更愿意接受传统国际巨头的产品，国产医疗器械进入三甲医院关键科室的难度较大。

新组建的国家高性能医疗器械创新中心将围绕预防、诊断、治疗、康复等环节的高性能医疗器械需求，以体外诊断和生命体征监测、高端医学影像、植介入器械、先进治疗、康复与健康信息等作为重点方向，以打通原理和技术、关键材料、关键器件、系统和产品等研发和产业化链条为目标，提升我国高端医疗设备生产制造和整体产业水平。

相关统计显示，全球医疗器械2018年的市场规模为4278亿美元，预计到2024年将接近6000亿美元，预计2017—2024年的年均复合增长率为5.6%。我国成为继美国、西欧、日本之后的第四大医疗器械市场，市场规模从2014年的2556亿元增长至2018年的5304亿元，年均增速在20%左右，营业收入、净利润均高速增长，我国进入行业发展的黄金期。近几年我国医疗器械市场的结构已趋向优化，但是结构依然严重失衡，国产化、智能化、高端化的发展方向将进一步强化。表3、表4是2020年国内医疗器械的主要融资事件和2020年医疗器械领域IPO企业的数量。

表3　2020年国内医疗器械主要融资事件（≥5亿元）

融资时间	企业名称	城市	业务领域	融资阶段	主要投资方	融资额
2月10日	全景医学	上海	精准医学影像	B轮	源星资本等	6亿元
3月17日	泰和诚医疗	北京	肿瘤诊断与放射治疗	战略投资	中信兴业	7亿元
4月9日	华银健康	广州	检测诊断、精准医学等	C轮	德福资本等	6亿元
4月15日	微创心通	上海	心脏瓣膜领域高端介入医疗器械	战略投资	高瓴资本等	1.3亿美元
5月5日	沛嘉医疗	苏州	心脏瓣膜医疗器械	F轮	常春藤资本	1.51亿美元
5月8日	诺唯赞生物	苏州	酶和抗体的研发和生产	C1轮	中国人寿大健康基金等	5.5亿元
5月13日	微创骨科	苏州	骨科关节产品	战略投资	望道通生物技术	5.8亿元
5月28日	华大智造	深圳	基因测序仪、配套试剂及耗材研发	B轮	IDG资本	10亿美元
6月16日	康基医疗	杭州	微创外科手术器械及配件平台	F轮	高瓴资本等	1.65亿美元
6月29日	博奥晶典	北京	分子诊断、基因芯片等	Pre-IPO	广东博意等	8亿元
8月13日	捍宇医疗	上海	二尖瓣微创介入治疗器械	D轮	弘晖资本等	5亿元
8月31日	微创医疗机器人	上海	手术机器人	战略投资	高瓴资本等	30亿元
9月27日	康立明生物	广州	大肠癌粪便无创筛查试剂盒	C轮	清松资本	6亿元
10月19日	思路迪诊断	上海	肿瘤诊疗一体化平台	战略投资	CPE	15亿元
10月26日	臻和科技	无锡	肿瘤个体化基因检测企业	E轮	国调基金	10亿元
11月5日	厦泰生物	上海	分子体外诊断仪器	D轮	高瓴创投	1.2亿美元
11月12日	景杰生物	杭州	体外诊断技术及产品	B轮	国投创业	5.3亿元

（续表）

融资时间	企业名称	城市	业务领域	融资阶段	主要投资方	融资额
11月26日	美因基因	北京	基因科技平台	股权融资	厦门泛鼎佳因等	5.42亿元
12月8日	微泰医疗	杭州	糖尿病仪器研发商	D轮	泰康乾贞基金等	5.75亿元
12月15日	鹍远基因	上海	新一代基因测序技术	B轮	中金启德等	10亿元
12月18日	爱博泰克	武汉	分子酶产品、诊断抗原抗体原料	C轮	济峰资本	6亿元
12月23日	卡尤迪生物	无锡	新型基因分子诊断平台	D轮	—	近6亿元
12月28日	数坤科技	北京	心血管疾病的人工智能诊断产品	战略投资	红杉资本中国基金	5.9亿元
12月31日	迈迪顶峰	北京	心脏外科产品介入产品等	C轮	清松资本等	超10亿元

表4　2020年医疗器械领域IPO企业数量23家

上市时间	企业名称	城市	业务领域	上市板块
1月14日	泰林生物	杭州	微生物检测和控制领域	创业板
2月5日	东方生物	湖州	体外诊断试剂和基因治疗	科创板
4月9日	三友医疗	上海	骨科植入物	科创板
4月29日	万泰生物	北京	体外诊断试剂、仪器	主板（上海）
5月12日	新产业生物	深圳	化学发光免疫分析仪器及配套式剂	创业板
5月15日	沛嘉医疗	苏州	心脑血管疾病介入器械	主板（香港）
6月12日	燃石医学	广州	肿瘤NGS检测和基因组学	纳斯达克
6月19日	泛生子基因	北京	癌症早期筛查、分子诊断与监测	纳斯达克
6月29日	康基医疗	杭州	内窥镜手术器械	主板（香港）
6月29日	海吉亚医疗	上海	肿瘤医疗	主板（香港）
7月7日	天智航	北京	骨科手术导航定位机器人	科创板
7月21日	伟思医疗	南京	康复类医疗器械	科创板
7月29日	爱博医疗	北京	眼科医疗产品	科创板
8月6日	赛科希德	北京	血液学体外诊断	科创板
8月20日	安必平	广州	病理诊断产品	科创板
8月24日	康泰医学	秦皇岛	电子医疗仪器	创业板
8月28日	圣湘生物	长沙	体外诊断	科创板
9月11日	豪悦护理	杭州	妇、幼、成人个人卫生健康护理用品	主板（上海）
9月16日	拱东医疗	台州	一次性医疗及检验用品	主板（上海）
9月17日	稳健医疗	深圳	伤口护理和感染防护	创业板

（续表）

上市时间	企业名称	城市	业务领域	上市板块
9月18日	奕瑞科技	上海	影像链	科创板
9月28日	爱美客	北京	生物可降解材料及医用生物材料	创业板
9月28日	天臣医疗	苏州	生产研发外科医疗器械	科创板

经济发展、国民收入提高、人口老龄化和城镇化加剧、慢性病发病率增多、医疗政策改革等因素会有效推动医疗器械行业向纵深发展。随着全球制造业产能的转移，国内装备制造业能力的不断提升，为医疗器械向中高端市场迈进提供了较好的条件。

从行业的发展现状、竞争格局、政策环境和需求情况等因素来看，我国基层医疗机构医疗器械配备和人均医疗器械费用较低，我国的医疗行业仍处在高速增长期，行业发展空间巨大，未来将继续向集群化、高科技及人性化的方向发展。图7是2020年国内医疗器械融资规模细分领域的排名。

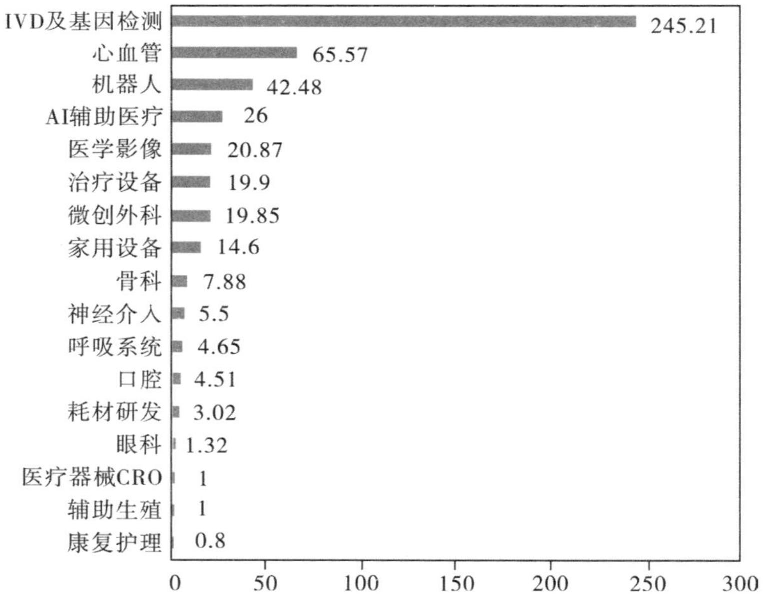

图7　2020年国内医疗器械融资规模细分领域排名（亿元）

从资本市场看，过去10年，美股有14只大市值的增长了10倍的医疗股，其中8只医疗器械、3只创新药、3只医疗服务。而医疗器械股全部是各自创新器械领域的龙头公司，说明资本市场对器械公司的高成长性高度认可。

与创新药企业相比，医疗器械领域具有独特优势，如研发费用低很多、产品迭代和竞争主要通过微创新和经验积累、技术演进更有连续性，因而更容易被资本青睐。

当前，对A股医疗器械股影响较为明显的因素是集中带量采购政策。2020年11月5日，国家首次进行了高值医用耗材冠脉支架的集中带量采购工作，微创医疗、乐普医疗等8家企业的10个产品中选，冠脉支架的均价从原来的1.3万元直接下降至700元左右。带量采购倒逼着生产企业加大研发投入，提升自主创新能力，加速变革行业的流通市场，压缩供应链环节。头部企业以收购兼并重组等方式提高市场集中度，然后向其他细分领域延伸，加上医生的操作习惯黏性、学习成本等，医疗器械市场可能形成马太效应。表5、表6分别是2016—2020年国家出台的有关医疗器械领域的文件和2014—2020年优秀国产医疗设备产品遴选评审结果。

医疗器械平台三大巨头迈瑞医疗、微创医疗、威高股份在未来的竞争优势可能更加稳固。

表5　2016—2020年国家出台的有关医疗器械领域的文件

时间	政策名称	具体内容
2016年10月	《医疗器械优先审批程序》	将符合国家科技重大专项、临床急需等情形的产品纳入优先审批通道
2016年12月	《“十三五”深化医药卫生体制改革规划》	通过市场倒逼和产业政策引导，推动企业提高创新和研发能力，提高产业集中度，实现药品医疗器械质量达到或接近国际先进水平
2017年10月	《关于深化审评审批制度改革鼓励药品医疗器械创新的意见》	完善药品医疗器械审评审批制度的体系和帮助创新型医疗器械企业精简审评审批程序，鼓励企业自主创新研发新型医疗器械
2017年11月	《接受医疗器械境外临床试验数据技术指导原则》	加强医疗器械产品注册工作的管理，进一步提高注册审查质量，鼓励医疗器械研发创新
2018年8月	《深化医药卫生体制改革2018年下半年重点工作任务》	推进医疗器械国产化，促进创新产品应用推广

（续表）

时间	政策名称	具体内容
2018年11月	《创新医疗器械特别审查程序》（新修订）	鼓励医疗器械创新，激励产业创新高质量发展
2019年9月	《医疗机构医用耗材管理办法（试行）》	对于医用耗材进行严格定义，设定了医疗机构医用耗材供应目录，明确了医用耗材采购必须从集中采购目录中遴选，建立了医用耗材临床使用分级管理制度
2020年7月	《深化医药卫生体制改革2020年下半年重点工作任务》	选取部分高值医用耗材等重点品种实施医疗器械唯一标识。逐步统一全国医保高值医用耗材分类与编码，探索实施高值医用耗材注册、采购、使用等环节规范编码的衔接应用

表6　2014—2020年优秀国产医疗设备产品遴选评审结果

批次	时间	具体设备	设备生产公司
第一批	2014年	数字化X线机（平板DR）、彩色多普勒超声波诊断仪（台式）和全自动生化分析仪	万东医疗、迈瑞医疗、新华医疗、开立医疗
第二批	2016年	医用磁共振成像设备（MRI）、X射线计算机断层摄影设备（CT）、全自动血细胞分析仪、血液透析机、呼吸机、麻醉机和自动分药机（门诊）	万东医疗、迈瑞医疗
第三批	2017年	医用直线加速器、伽玛刀（γ-射线立体定向治疗系统，头部）、数字减影血管造影机、化学发光免疫分析仪、高强度聚焦超声肿瘤治疗系统等10个品目	新华医疗、乐普医疗、万东医疗、安图生物、迈瑞医疗等
第四批	2018年	多参数监护仪、彩色多普勒超声波诊断仪（含便携式）、3.0T磁共振、数字化X线机（含移动式）、全自动生化分析仪等12个品目	美康生物、迈瑞医疗、威高股份、新华医疗、万东医疗等
第五批	2019年	眼科光学相干断层扫描仪、PET-CT、PET-MR、数字化乳腺X线机、全自动数字化切片扫描仪、全自动染色封片机等21个品目	达科为、瑞斯康微电子、迈瑞医疗、万东医疗、迪瑞医疗等
第六批	2020年	心脏复苏机、SPECT、医用制氧机、超声光散射乳腺诊断系统、数字胃肠X线机等24个品目	科斯迈生物、迈瑞医疗、泽成生物、基蛋生物、热景生物等

（四）芯片

芯片产业属于制造业的上游产业，是制造业必不可少的核心技术，被称为“工业粮食”。芯片技术在新一代信息技术中扮演决定性的赋能角色，信息基础设施、人工智能、第五代移动通信、VR/AR、自动驾驶等领域的发展都有赖于芯片技术的持续创新。芯片是大国博弈的制高点，芯片的技术和产业的发展必然成为国家战略。2018年美国挑起的“封芯”事件让国人领略了自主创新的重要性和意识到前所未有的紧迫感。中国制造依赖创新驱动，创新驱动的根本在于增强自主创新能力，对半导体产业来说更是如此。

目前半导体产业正面临着前所未有的发展机遇。芯片作为计算机和其他电子设备的重要组成部分，其广阔的应用前景和多元化的应用价值备受关注。当前全球经济进入到数据经济时代，将拓展以芯片为代表的半导体产业链的应用范围。芯片在传统经济时代主要应用在电脑等有限的几个领域，但在智能和数据时代，各行各业均可能使用半导体产品，如存储、计算、算法等，一些国家为了把握科技发展的主动权，将芯片列为重点发展的领域。但是芯片行业需要相对比较长的投资周期才能带来投资回报，属于长周期投资行业，它的发展受到很多客观因素的制约，这也是导致国内芯片产业早期没有得到很好发展的原因。

芯片行业投入巨大，发展需要诸多环节的配套支持，目前绝大部分芯片的设计、验证、制造、测试的软件都是国外软件，购买它们的授权许可的价格动辄几百万美元；芯片还需要进行流片，而流片的费用一次动辄也得几百万到上千万美元，所以没有巨大的投入，难以支撑其发展。芯片行业属于高技术密集、高集成类产业，芯片的成功需要设计、验证、测试、制造中的每一个环节都成功，需要多方人员配合，芯片设计过程还要规避诸多专利问题。芯片行业的投资风险巨大，流程固定化。芯片行业有个“十倍定律”，一个错误越晚发现，造成的损失就越大，芯片的制作从设计开始就不能出现错误，因此经过长年累月的发展流程已经非常规范化。

1947年晶体管在美国贝尔实验室诞生标志着半导体时代帷幕的开启，1958年集成电路的出现加速了半导体行业的发展。经过半个多世纪的发展，半导体行业已经很成熟，形成了从半导体材料、设备到半导体设计、制造、封装测试的完整产业链。

半导体行业形成的垂直分工模式促进了产业链的全球化。美国成为该领域无可争议的引领者，但同样依靠全球各地的资源与技术。我国半导体产业起步于20世纪90年代，经过30年的发展初步具备规模。华为海思的通信、安防芯片在芯片设计领域已经达到世界领先水平；中芯国际IC制造领域的14nm制程进入客户导入阶段，12nm研发取得突破；IC封测领域产生了长电科技、华天科技、通富微电等一批领先的企业。但半导体产品众多，产业分工细致，加之起步较晚，多个领域与国外相比仍然存在较大差距，进一步的发展壮大仍然需要时间。

我国是全球最大的芯片进口国，年均进口中高端芯片总值超过2000亿美元，芯片消费市场超过1万亿美元，是全球芯片企业最重要的销售市场。长期以来，我国装备制造业和消费电子业使用的中高端芯片主要依赖进口，产成品的附加值低，而利润集中在上游，虽然在某些领域开发出了中低端的芯片产品，但受供给能力的制约，无法创造更高的价值回报。当前，我国正处于一场以芯片为主导的技术突围战中，芯片产业客观存在的市场短板和资本密集追逐形成的价值泡沫，已经成为制造业转型升级和创新发展的瓶颈因素，解决危机需要理性地正视困难并采取科学有效的措施。

我国芯片危机反映了芯片技术在全球贸易中的主导价值和我国在芯片领域的技术落差，这种危机在一段时期内还将继续存在，它带给我们多方面的警示：

芯片始终是全球贸易中最受关注的产品之一，是全面衡量科技水平的重要指标之一，在高科技领域的技术地位无法撼动。近年来，全球对高端芯片的需求有增无减，尤其是新冠肺炎疫情的暴发使高端医疗、个人健康领域对芯片产品的需求激增。芯片虽是中间产品，但也是当今时代人类社会的基础的核心的生产资料之一，它深刻地影响着科技产业结构和装备制造业的发展水平，对产业链的上下游相关产业产生深远影响。我国除了在基础共性技术方面落后外，在理论基础、生产工艺、市场环境、生产装备、质量控制等方面与国际先进水平还有明显差距。

中国是全球芯片企业最重要的消费市场，国内中低端芯片产业发展速度快于高端芯片产业。我国庞大的市场需求为全球芯片生产企业提供了发展机遇，任何一家芯片企业都无法忽视中国的庞大市场。我国目前初步具备了中低端芯片的生产环境，但芯片生产装备和生产水平导致的产能不足现象依然突出。国内芯片产品技术附加值和性价比较低，不具备量产芯片的条件，也缺乏完善的产业基础，国内消费市场对自主技术的接受度不够，下游企业对国产芯片技术和产品的信任度不高，知识产权保护制度还不够完善。企业可以较容易地获取更丰富的技术资源，降低了企业对新技术的投入热情。资本对新兴技术市场的干扰影响技术的发展，投资的无序对芯片的生产效率和产品质量带来扰动，社会资本的过度趋利和分散投资一定程度上浪费了社会资源，有悖于芯片行业资金高度密集的特性。

图8是半导体产业链全景，图9是半导体产品的分类，表7是我国国家大基金投资项目。

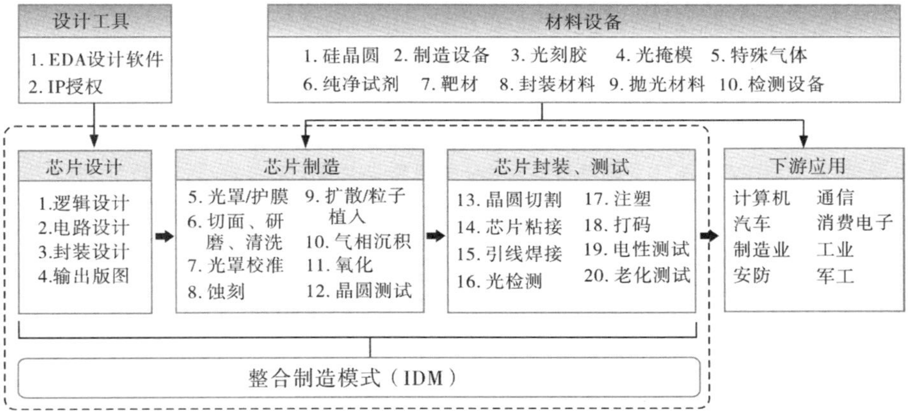

图8　半导体产业链全景

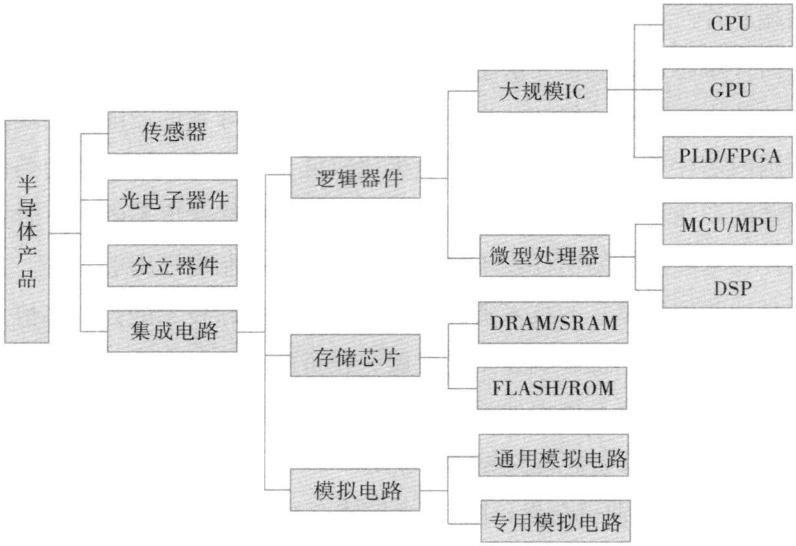

图9 半导体产品的分类

表7 国家大基金投资项目

公司	时间	具体投资	备注
上海睿励	2020/1/7	大基金认缴出资额3748.24万元，持股12.12%	检测设备
华润微	2020/2/18	10亿元获得科创板上市战略配售7812.5万股	功率IDM龙头
广州兴科	2020/2/25	兴森科技与大基金共同设立合资公司，注册资本10亿元，大基金出资2.4亿元	PCB供应商
泰凌微	2020/3/30	大基金认缴出资2127.06万元，持股11.94%，为第二大股东	无线物联网系统级芯片
紫光展锐	2020/5/1	股权重组获得增资50亿元，其中大基金二期增资22.5亿元	移动通信和AIoT领域核心芯片
中芯国际	2020/5/15 2020/7/13	子公司中芯南方获得大基金及上海集成电路产业投资基金等各方合计投资90.59亿美元，其中大基金二期投资15亿美元 35亿元获得中芯国际科创板上市战略配售1.27亿股	制造
深科技	2020/10/17	大基金二期出资9.5亿元，与深科技子公司共同设立沛顿存储，大基金二期持股31.05%	存储
智芯微	2020/11/11	大基金二期认缴出资额4.61亿元，持股7.19%	国家电网芯片

（续表）

公司	时间	具体投资	备注
思特威	2020/10/21	大基金二期认缴出资额686.82万元，持股8.21%	CMOS图像传感器芯片
睿力集成	2020/11/12	兆易创新、大基金二期分别拟出资3亿元、47.6亿元参与睿力集成增资，持股0.85%、14.08%	存储
长川科技	2020/12/18	大基金二期参与子公司长川智能制造的增资，拟3亿元认购新增注册资本，完成后持股33.33%	制造
纳思达	2020/12/24	子公司珠海艾派克微电子引入大基金二期作为战投，增资15亿元	打印机加密SoC芯片

（五）5G

人类和通信服务的关联，从不同代际的通信技术所能实现的功能上看，与作为使用主体的人类的三维生物属性相关。从1G发展到4G，是人从声音、图形、视频的逐级通信需求推动技术进步的（见图10）。实时的视频通信的实现是人类基础通信需求的边界，但技术进步不会停止，5G的出现并不能单纯地以数据传输速度的提升为目标，速度上的量变到质变会慢慢改变现有商业逻辑和盈利模式（见图11）。

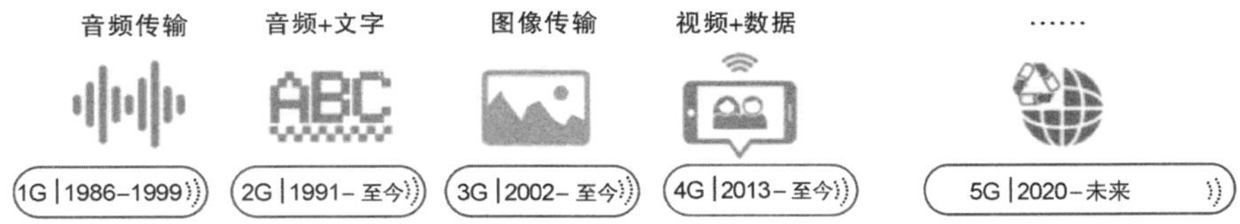

需求推动技术进步。技术也会从基础模块进行叠加性的升级，比如硬件模块的叠加、基站的数量增加、技术步骤的极简化、频段的发射间隔、有用信息占带宽的比重等。是在物理层面和现行技术极限化的层面进行升级。

但是5G时代，技术的进步会通过理念的革新、设计思路的转变和实现机理与老技术完全不同的新技术来实现，因此在技术的路径上是没有尽头的。所以在5G时代，是技术的自然演化创造着人类的新需求。

图10　移动通信需求与技术的互动关系

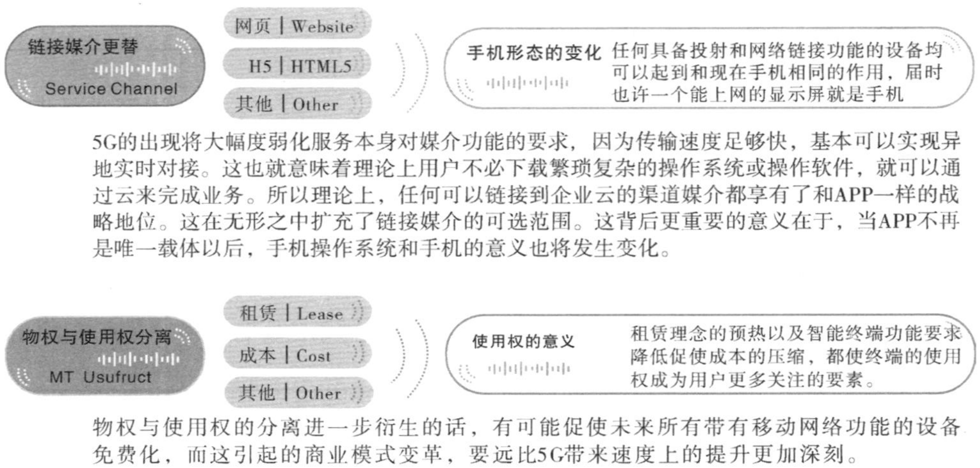

图11　5G对商业模式的潜在改变

属于第五代移动通信技术的5G，将在全社会数字化转型过程中承担着不可替代的重要使命。5G时代，人与物之间原有的多维互联互通界限将被打破，他们将存在于一个有机的数字生态系统中，信息或者数据会通过最优化的方式进行传递（见图12）。

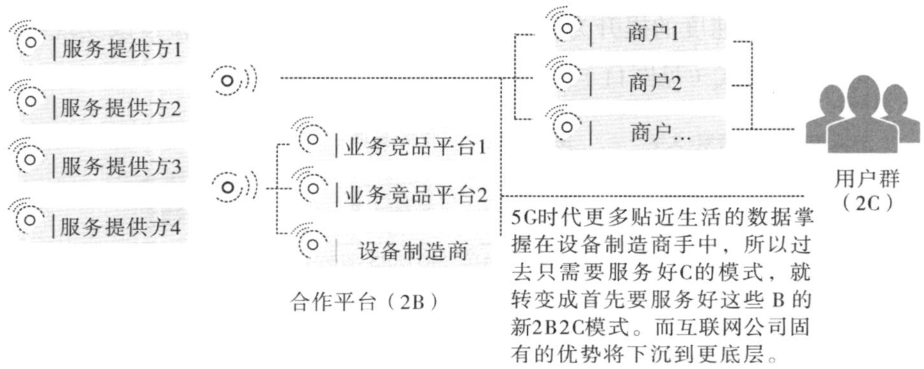

图12　5G时代企业2B2C模式深层转变

在大国博弈加剧的环境下，自主创新、国产替代仍是主旋律。中美贸易摩擦对国内科技产业造成了一定冲击，上游的部分领域受制于人进而影响产业链的完整性，包括通信产业在内的科技产业一定时期内面临着挑战。如果从中长期角度看，核心科技的自主创新和国产替代必将带来更多全新的机遇。

从产业链来看，5G产业链的上游在5G建设期，是最直接受益者。天线、射频前端、小基站、光模块、通信设备、光纤等将在5G时代加速发展，尤其是通信设备商，其将是最大受益者。产业链的中游，主要是三大运营商和中国铁塔，它们在5G建设期的资本支出会明显增加，短期会增加财务负担，收益面临压力。但5G建设完毕，运营商将受益于下游应用带来的流量暴增。5G产业链下游则对应着巨大的应用市场（见图13）。

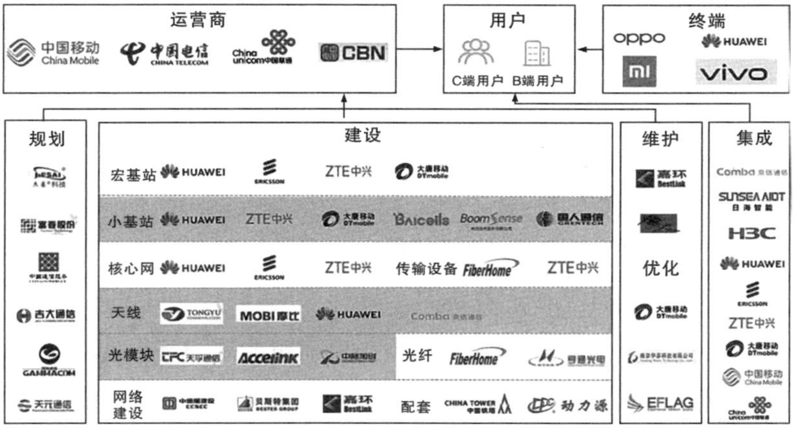

图13　5G产业链下游对应着巨大的应用市场

纵观全球，目前5G无论是标准、技术、产业生态还是网络部署方面都取得了阶段性的成果，5G落地的最后一环——应用场景正稳步推进。公开数据显示，2020年，我国在“新基建”政策的推动下，5G产业发展加速，5G基站已建设超过70万个，5G终端连接数超过1.8亿条。按工信部的规划，2021年将有序推进5G网络建设及应用，加快主要城市的5G覆盖率，推进共建共享，提升5G服务质量，新建5G基站60万个以上。

与此同时，5G应用场景越来越丰富，5G在交通、工业、医疗、能源等诸多领域有所建树，如5G+智慧教育、5G+智慧工厂、5G+智慧医疗等融合应用，但目前主要还停留在超高清视频传输、AR/VR等方面。接下来产业界必将加速构建5G行业生态，推动5G的商用。伴随着5G建设如火如荼地开展，5G终端的品类及形态也在逐渐丰富，包括智能手机、5G CPE、5G模组、5G移动热点以及5G平板电脑等。5G网络规模的扩大，将使运营商的网络基础设施、应用服务以及终端用户面临较高安全风险，该安全风险还将会涉及与电信行业紧密关联的其他行业，并将呈现指数级增长态势。因此，5G与网络安全协同发展将是保障5G产业高速发展的必然选择。

（六）新能源汽车

新能源汽车产业链由顶层技术、上游材料端、中游核心装置部件和下游整车及后市场构成。新能源汽车是一个新的产业赛道，将形成整车制造与核心零部件共举的新型产业格局。

新能源汽车产业是目前全球都在集中力量发展的核心产业之一。汽车电动化是未来智能出行的基础，在满足节能环保的同时，新能源汽车也是今后承载各种核心智能技术应用的主要载体。出于对能源和环保的考虑，传统汽车对化石能源的高消耗、高碳排放的弊端成为很多国家大力推动新能源汽车发展的核心动力。新能源汽车的零部件数量只有传统汽车的20%，电池、电机、电控等核心零部件是其价值所在，整车环节的重要性大大降低，传统车企发动机技术优势不再，传统车企供应链整合优势不再，使得我国在汽车工业方面实现弯道超车成为可能。一些国家出台了相应的新能源汽车发展战略和鼓励政策，部分相对激进的国家还提出了“禁燃”时间表。

新能源汽车在节约成本方面的优势比较明显。BNEF预测：到2025年全球新能源汽车的销量将达到1100万辆，渗透率达到11%，而2025年燃油汽车销量将出现下行拐点；2030年全球新能源汽车销量将继续攀升至3000万辆，渗透率达到28%；2040年全球销量有望达到6000万辆，渗透率提升至55%。全球新能源汽车市场未来将呈现持续攀升态势。

从全球新能源汽车行业看，供给端在持续质变，整体上呈现“电动加速+

智能开启”的双重特征，传统的车企积极转型，造车新势力、科技互联网企业加速入局，共促产业繁荣发展，万亿级市场开启。原有以中游整车厂为价值核心的产业价值链条正在重塑，传统车企的优势在新能源汽车发展初期并未体现，相反特斯拉、比亚迪等一批掌握新能源关键技术的新兴车企在竞争中显示了明显的优势。上游电池、电机、电控等核心零部件企业成为行业价值链的核心，中游整车环节的重要性在逐步降低，结合跨行业的能源、交通、信息通信等多领域主体形成了“网状生态”。后端服务市场蓄势待发，终端消费者市场成为重要利润来源。

党的十九届五中全会规划了社会主义现代化强国的伟大蓝图。“十四五”时期“交通强国”的宏伟目标，对推进能源革命、提升新能源消纳和存储能力提出了新的要求，其中将新能源、新能源汽车列为发展战略性新兴产业的重点内容。国务院办公厅2020年11月初发布的《新能源汽车产业发展规划（2021—2035年）》提出，到2025年新能源汽车销量将在全国新车销售中达到20%的占比，即以年销量2750万辆计算，新能源汽车销量大约为550万辆，较2020年（预估）增加4倍，对应年复合增长率为37.97%。在中国和欧洲两大核心新能源汽车市场的带动下，全球新能源汽车市场将进入快速发展期，后续有着巨大的市场空间。图14是新能源汽车技术的演进。

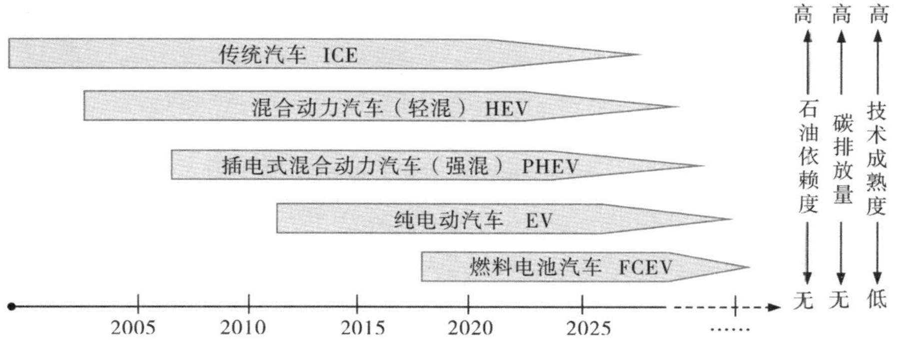

图14　新能源汽车技术的演进

自2001年我国启动“863”计划电动汽车重大专项至今，行业经历规划期（2001—2008年）、导入期（2009—2015年）、成长期（2016年至今）3个发展阶段。在我国，新能源汽车曾经连续7年被写入政府工作报告。在2021年的地方政府工作报告中，接近一半的省区市提到推进新能源汽车发展，新能源汽车成为地方政府工作报告中的高频词。新能源汽车产业正处在由政策驱动向供给驱动转变的关键时刻，我国2020年新能源汽车销量已达136.7万辆，同比增长10.9%。预计2021年新能源汽车销量有望突破200万辆，同比增加46.0%。从政策层面看，我国从补贴到双积分，逐步健全长效激励机制。从供给层面看，供给端剧变开启，爆款车型密集上市成为核心驱动力。与手机的发展历程相比，新能源爆款车型的出现将推动新能源汽车渗透率加速提升，促使行业从导入期迈入成长期。

图15是新能源汽车产业市场，表8是2009—2019年我国关于新能源汽车的部分法规政策，表9是我国在A股上市的锂电产业链重点公司，图16是对全球新能源汽车市场的预测。

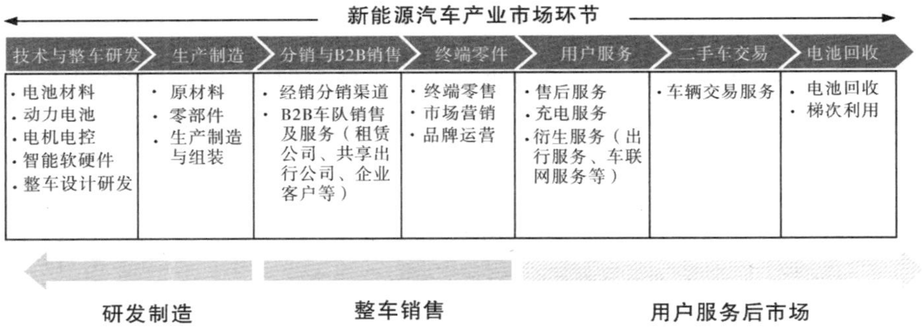

图15　新能源汽车产业市场

表8　2009—2019年我国关于新能源汽车的部分法规政策

时间	法规政策	核心内容
2009	《关于开展节能与新能源汽车示范推广试点工作的通知》	13个城市在公共领域开展试点工作
2010	《关于开展私人购买新能源汽车补贴试点的通知》	首次开展私人补贴试点工作
	《关于扩大公共服务领域节能与新能源汽车示范推广有关工作的通知》	增加公共领域试点
2012	《关于扩大混合动力城市公交客车示范推广范围有关工作的通知》	混合动力公交车推广范围扩大至全国
2013	《关于继续开展新能源汽车推广应用工作的通知》	扩大推广范围，调整补贴要求
2014	《关于进一步做好新能源汽车推广应用工作的通知》	调整退坡幅度（降低幅度）
2015	《关于2016—2020年新能源汽车推广应用财政支持政策的通知》	补贴范围扩大至全国，调整补贴要求
2016	《关于调整新能源汽车推广应用财政补贴政策的通知》	提高补贴要求，补贴发放方式改为清算
2018	《关于调整完善新能源汽车推广应用财政补贴政策的通知》	提出运行里程要求，政策实施给予过渡期
2019	《关于进一步完善新能源汽车推广应用财政补贴政策的通知》	提高运营里程要求，强化非补贴、取消地方补贴

表9　我国在A股上市的锂电产业链重点公司

公司	代码	市值（亿元）	公司	代码	市值（亿元）
宁德时代	300750SZ	7454.3	德方纳米	300769SZ	118.7
亿纬锂能	300014SZ	1557.6	璞泰来	603659SH	453.4
国轩高科	002074SZ	443.2	中科电气	300035SZ	67.1
欣旺达	300207SZ	374.3	恩捷股份	002812SZ	959.1
孚能科技	688567SH	356.5	星源材质	300568SZ	116.3
蔚蓝锂芯	002245SZ	107.2	天赐材料	002709SZ	491.0
华友钴业	603799SH	888.2	科达利	002850SZ	162.4
格林美	002340SZ	382.7	嬴合科技	300457SZ	128.1
中伟股份	300919SZ	405.2	赣锋锂业	002460SZ	1330.6
当升科技	300073SZ	214.3	科达制造	600499SH	171.5
容百科技	688005SH	259.9			

注：数据截至2021年初。

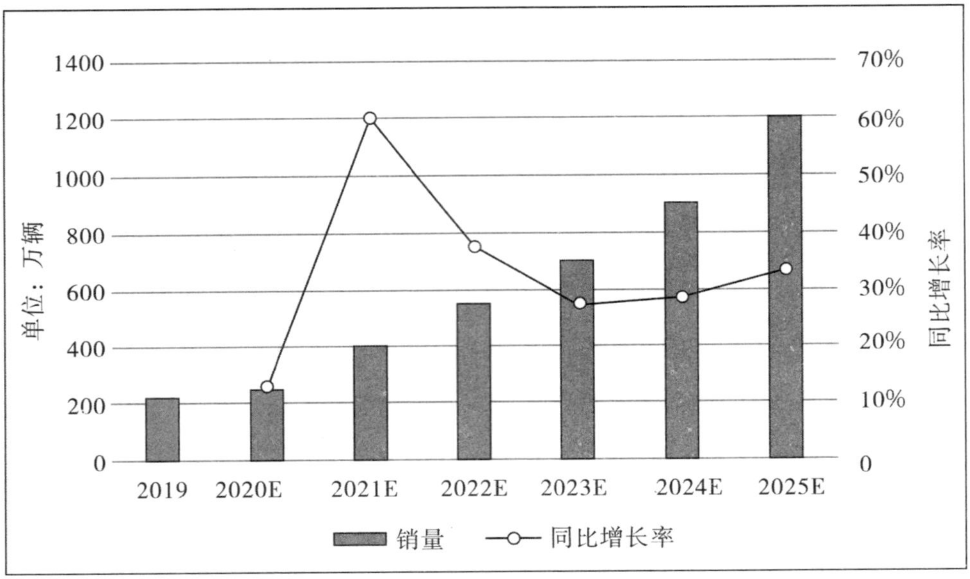

图16 全球新能源汽车市场预测

第三章

寻找杰出公司是价值投资的要义

一、如何选取杰出的公司

（一）“四高一低”公司

“四高一低”指的是主营业务收入高增长、净利润高增长、毛利率维持高比例、ROE（净资产收益率）高、负债率低，主要用于衡量企业的发展空间和内涵价值。

1.主营业务收入高增长的背后

主营业务收入是企业长期稳定盈利的源泉，也是企业主打产品或服务的市场竞争力的载体。作为反映企业经营发展状况的一个核心指标，主营业务收入的增长率不像盈利指标那样容易被人为操纵，它可以更快体现上市公司的盈利状况、变化趋势，如果要对上市公司未来短期收益做出预测，主营业务收入的增长率有着不可替代的作用。

主营业务收入的增长率之所以重要，在于它有以下意义：

（1）历史走势可以反映公司的发展情况。如果上市公司的主营业务收入的增长率呈现稳定上涨趋势，说明上市公司正处于发展壮大之中。

（2）反映竞争状况。主营业务收入长期名列前茅的上市公司竞争力更强，一般这类公司要么是该行业的龙头公司，要么是迅速成长壮大的公司，如果主营业务收入的增长率稳定在30%上方，说明公司产品处于高速成长期，将继续保持这一增长势头，尚未面临产品更新的风险，属于成长型公司。

（3）评价上市公司最终收益的真实性。通常情况下，主营业务收入的增长率与净利润的变化趋势相比更加稳定。如果该指标大起大落，其背后总会有原因，其最终收益是否可信，需要结合其他指标分析。

主营业务收入的增长率高，则表明公司产品的市场需求大，业务扩张的能力强。通常情况下具有成长性的公司多数都是主营业务比较突出、经营比较单一的公司。如果一家公司的主营业务收入的增长率能够连续几年保持在30%以上，那么基本上可以认为这家公司具备成长性。

如果我们寻找杰出的公司，其主营业务的增长率应该在30%以上。

2.高毛利率说明什么

毛利率很重要，它是表明企业盈利能力的一个重要指标，反映了企业的市场竞争地位和产品赚取附加值的能力。因此，分析毛利率可以考察核心竞争力、经营状况和成长性等，这是投资决策的基础。

毛利率是企业净利润的起点。毛利率反映了企业的竞争力，毛利率与企业的技术水平、产品竞争力、市场供求关系、上下游市场的定价能力等因素密切相关。以2019年年报数据为例，A股共有22家公司的销售毛利率超过90%，恒生电子以96.78%再度蝉联榜首。

从财务分析角度看，毛利率是一个非常综合的指标，它反映了收入和成本两个核心的财务数据，如果进行具体拆分，还隐含销量、产品价格、原材料价格、人力成本、技术改造等诸多信息。

当然高毛利率并不代表高的净利润率，因为净利润率还要受到期间费用、各项税费、投资收益、营业外收支项目的影响，但毛利率的重要性不可忽视。

高毛利率的意义：

（1）高毛利率表明消费者愿意付出比同类商品更高的价格购买这家公司的产品，或者说代表企业生产产品的直接成本很低。这两种情形带来的结果有两种，一种是正常情况下同样的销售收入所赚的钱更多，另一种是毛利率高的公司在市场不景气的时候有能力降价促销，即使降价之后公司还是有利润可赚。

（2）高毛利率意味着主营业务的垄断优势。

以2020年一季度报表为例，贵州茅台的毛利率为91.67%，我武生物为96.42%、贝达药业为92.88%、恒瑞医药为88.89%。我武生物的粉尘螨滴剂、贝达药业的凯美纳、智飞生物的疫苗毛利率都很高，这些产品有着极高的市场占有率，这种竞争优势来自宽深的“护城河”。通过高毛利率这一指标可以挖掘其背后的竞争优势，就可以找到产品有垄断竞争优势的公司。

（3）高毛利率意味行业的特殊性。

证券时报数据宝的统计显示，2019年A股上市公司整体销售毛利率小幅提升至33.08%。2019年上市公司毛利率百强榜中，剔除银行及非银金融行业，医药生物、计算机、传媒行业入围公司数量位列前三，分别有57家、15家、10家。恒生电子2019年销售毛利率为96.78%，排名第一位，该公司2019年实现盈利14.16亿元，创历史新高，而且其销售毛利率已连续6年保持90%以上。

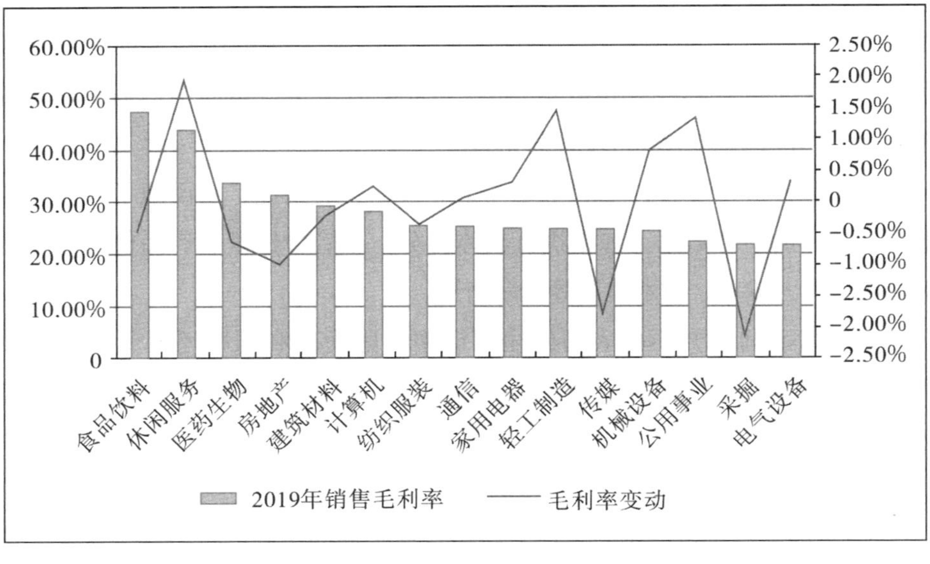

图1　销售毛利率居前行业及变动情况

关注毛利率指标时需要注意以下几点。

（1）毛利率在同行业比较才有意义。

不同的行业毛利率有差异，两个不同行业的公司，一个毛利率为30%，另一个为20%，前者不一定更优秀。有的行业是薄利多销+快销的模式，毛利率虽然较低，但存货周转率非常高，也能赚取超额利润，所以行业不同毛利率不能一概而论。毛利率这个指标只有在同行业内对比才有意义，同行业里毛利率为30%的企业肯定比毛利率为20%的企业优秀，所以毛利率是评估企业盈利能力的重要指标之一。

软件行业和游戏行业的高毛利率与行业特殊性相关。人们常常把软件行业称为暴利行业，认为其成本是不变的，但是产品可以无限复制。其实，软件行业的高毛利率与特殊的会计核算方式有关系。

软件行业最重要的支出是软件的研发支出。一般情况下，软件的研发支出计入当年的费用即费用化；满足特定条件时它可以计入无形资产的成本，并随着未来软件的销售转为销售成本，这种会计处理被称为研发支出的资本化。这两种会计处理，对利润表的影响是不同的。假设某软件企业软件销售收入为1000元，研发支出为800元，忽略所得税和其他的费用，在这种假设背景下，看看两个会计处理方式的差异：

费用化方式，销售收入1000元，销售成本为0元，销售毛利润1000元，销售毛利润率为100%，管理和销售费用为800元，占销售收入的比率为80%，净利润200元，销售净利润率为20%。

资本化方式，研发支出800元，计入软件资产的成本，随着软件销售，800元的软件资产的成本转为销售成本，1000元的销售收入减去800元的销售成本，毛利润为200元，销售毛利润率为20%，此时没有了管理和销售费用，销售净利润率亦为20%。

可见，无论费用化还是资本化，销售净利润率都不高，均为20%；费用化时，销售毛利润率高，费用占销售的比率高；资本化时，销售毛利润率低，费用占销售的比率低。

（2）毛利率对估值的影响。

不同行业的两家公司趋同的净利润增速水平，如果毛利率不同，市场给予高毛利率公司的估值普遍要高于低毛利率公司。高毛利率公司的背后往往有一些资产没有反映在资产负债表中，却为股东带来效益，比如公司品牌、专利权等，相当于实际价值远远高于账面的净资产。

像格力和茅台两家公司，格力电器历史净利润的复合增长水平并不低于贵州茅台（单纯地从财务角度选股，不限于行业），但市场给予格力电器的估值大部分时间只有贵州茅台的一半。毛利率持续性处于高位，表明公司的核心竞争力强、产品不可替代性高、对于上游成本的变化不敏感，如贵州茅台价格越贵消费者越追捧，而格力电器不一样，消费者会考虑质量和其他竞品，竞争导致这类公司毛利率普遍较低；对于低毛利率公司，成本增加1%—2%，对其净利润的负面影响可能高达40%—50%。

（3）毛利率指标的可靠性。

相对于净利润来说，毛利率被操纵的可能性小，毛利率和净利率之间还有不能进入营业成本的费用如销售费用、财务费用、管理费用、资产减值损益等，列明的项目越多可操作的空间就越大，所以毛利率相对来说算是一个比较透明的指标。但是可操纵的空间依然存在，如应收账款等，这样的结果会造成回款速度明显变慢，资金运用效率下降，或者通过扩大生产来摊销单位成本，这样的话会造成库存积压。对于一般的投资者来说，不一定能通过财务报表来识别这些，最好的办法还是和同行业对比。拒绝那些毛利率显著高于同行业，又找不到各项合理解释的企业。

如果毛利率高只是因为先进入，而没有真正具备高壁垒的核心竞争力，毛利率很快就会因为有新进入者而降下来，盈利能力下降会导致估值下调，带来估值与股价的戴维斯双杀。

如果企业的毛利率突然向上波动较大，就要进行具体分析。如果产品成本正常，只是因为提价带来高毛利率，说明产品有品牌、有定价权。如果依靠降低成本带来高毛利率，这种情况不一定能持续，当然垄断行业除外。

如果出现存货周转率逐年下降而毛利率逐年上升的现象，这可能是企业产品竞争力下降造成的，存货周转天数的上升说明企业的产品在市场上不再热销，造成存货大量积压，同时存货都会摊薄固定成本，造成毛利率的虚假升高，这种升高是没有意义的。如果出现高毛利率而现金循环周期也较长，有可能公司做了假账，企业的高毛利率一般意味着在产业链上拥有强势地位，会尽量占用上游客户的资金，同时不给下游客户很长的赊账期，其现金循环周期一般应该较短，甚至会出现负值。如果高毛利率与这些特征持续背离，往往意味着某些方面不真实，需要警惕其盈利能力，如当年比行业龙头的毛利率还要高出许多的信威集团、辉山乳业等“藏雷股”。所以说，毛利率上升，一定要搞清楚是产品结构变化、提价还是压缩成本造成的，要警惕不明原因的毛利率上升。

如果要寻找杰出的公司，其主营业务毛利率最好在40%以上。

3.高净利率的本质

净利润增长率反映了企业价值最大化的扩张速度，是综合衡量企业资产运营质量和管理效率的指标。净利润增长源于效率的不断提高和企业规模的扩大，是企业管理能力和科技创新能力的体现。净利润增长率越高，企业成长越迅速，未来发展空间越乐观。

从长期来看，上市公司股价的上涨与净利润不断增加密切相关。但是，股价的上涨和净利润的增加很多时候并不同步。投资者不仅要关注企业净利润的增加，更要关注企业净利润的增速。换句话说，净利润的增长率远比净利润的增长额重要。

净利润增长率主要反映企业的增长速度。该指标越大，说明企业的成长性越好，成长速度越快。净利润是企业经营的最终成果，净利润增长率则是这种成果的变动幅度，增加的幅度越大，说明企业的增长动能越强，发展速度越快。

净利润增长率可以反映企业的管理能力和科技创新能力。净利润的增长主要来自两个方面：一是效率不断提高。效率的提高是在现有的总量规模下提高管理能力，加大科技创新，从而在使用相同单位资源的情况下提高了企业净利润收益。二是企业规模的不断扩大。这是依靠总量的扩张来达到净利润的增加，即使用单位资源产生的收益没有变化，而资源总量的变化带来了净利润总量的增加。依靠效率来实现净利润增长，更能说明企业的发展潜力，因为科技创新、提高管理能力是企业发展的内在动力，是内在素质的改变。而重组兼并、资产注入等都是外延的扩张，是数字上的叠加。如果缺乏科学的管理和核心科技的竞争力，这种数字无法持续增加。成长性无法脱离企业的创新能力和管理能力。

在分析净利润增长率变化的时候，要关注变化的内在动力。可以对财务指标中企业的资产结构变化加以辅助分析，如企业的总资产、净资产或负债等是否发生变化。如果资产总体结构依旧，说明企业的经营效率提高了。相反，如果总资产结构出现变化，如在净利润增长率出现增长时，总资产也出现了同步增长，这种净利润的增长就是依靠企业规模的扩大实现的。同样，净利润增长率与总资产利润率也会相应发生变化。

净利润增长率可以帮助投资者选择有成长性价值的股票。净利润增长率多被激进型投资者使用。使用时结合主营业务收入增长率等其他主要指标进行分析，如果各项指标的结论一致，都呈上涨趋势，或创出新高，说明企业有较强的成长性，这样的上市公司其股价极具爆发力。

另外，需要关注主营业务利润率的增长，这个指标越高表明企业主营业务的市场竞争力越强、发展潜力越大、获利水平越高。一个企业的竞争实力持续壮大主要依赖主营业务的利润。主营业务的利润通常超过企业利润总额的70%，其他业务利润和投资收益如因偶然因素骤增并使利润总额增大并不能反映企业真正的盈利能力及持续发展的能力，因此分析净利润增长率不能忽略主营业务利润增长率。

如果要寻找杰出的公司，净利润增长率最好不低于30%。这从股东回报的角度看，意味着3年再造了一个企业。

4.高ROE为什么被巴菲特厚爱

ROE（净资产收益率），是公司税后利润除以净资产的百分比率，反映企业的盈利能力和为股东创造价值的能力。长期来说，股东的回报率就等于净资产回报率，所以这个指标高的企业往往也是比较优秀的企业。

巴菲特曾说："如果只能选择一个指标来衡量公司经营业绩的话，那就选净资产收益率吧。""我选择的公司，都是净资产收益率超过20%的公司。"1979年，在《致股东的信》中，巴菲特明确谈道："我们判断一家企业经营好坏，取决于公司的净资产收益率。"他的选股思路可以用ROE-PB表示，用一句话概括就是用足够便宜的价格买入盈利能力持续增长的公司然后长期持有。根据巴菲特2018年《致股东的信》中所披露的情况，巴菲特自1988年买入可口可乐之后，一直坚定持有。以12.99亿美元的持股成本计算，截至2017年年底，巴菲特的投资回报高达1312.78%。1978—1982年，可口可乐的ROE保持在20%左右，1983—1987年进一步提升至30%左右。

巴菲特举例说，根据《财富》杂志1988年出版的投资人手册中的相关数据，如果选取规模排名靠前的500家制造业、500家服务业上市公司进行观察，这1000家企业中过去连续10年ROE超过30%的仅有6家，最高的为40.2%，连续10年平均ROE达到20%且任何1年都不低于15%的企业也只有25家。众所周知，这1000家公司均属于美国投资者眼中的超级明星，而其中的这25家优秀公司有24家的股价上涨幅度超过标准普尔500指数。

高的净资产回报率意味着企业有能力以更高效的方式为股东创造价值。ROE与估值指标是正相关的，高的净资产收益率，才能支撑高的估值溢价，即市净率PB的倍数。也因此，巴菲特的搭档芒格从企业长期价值的角度也很看重ROE。芒格认为，一只股票的回报率从长期来说与企业发展状况密切相关，如果一家公司40年来的盈利始终是它资本的6%（ROE），40年后投资者的年均收益率和6%相差不大。如果这家企业在未来20—30年的盈利都是资本的18%，即使投资者最初买入的价格高，其最终的收益依然会令你满意。

形成高ROE的原因可能是高利润率、高周转率或高财务杠杆，如果是因为高的杠杆就引起注意。ROE越高越好也是有条件的，不能一概而论。高的ROE一般难以长久维持，除非企业有宽深的"护城河"。因为税后净利润会受到偶然性因素的影响，如税率调整、非经常性损益等。ROE是从一个静态的视角，着眼过去和当下，无法代表未来全景。同时，高分红也很容易影响ROE，因为分子和分母的变化都会影响比率。

ROE是一个很重要的指标，ROE的重要性不在于数字的大小而在于趋势和背后的原因。如果对上市公司进行财务状况分析，当然净资产收益率高不是唯一指标，还需要考察毛利率、净利润、财务杠杆、周转速度等指标，寻找不同企业的差异，研究造成这些差异的原因，然后以此为依据判断企业未来可能的变化，从而发现安全、合理的投资机会。

A股给高ROE的公司以更大的上涨回报，凸显了ROE在我们选股当中的重要性越来越大。A股创下6124.04高点以来至2020年的十几年时间，上证指数依然在3000点上下做挣扎，但是其间一些优秀的个股却实现了惊人的涨幅。任何一个类型的投资者，如果用巴菲特的思路寻找这种优秀的企业，同样可以获得丰厚的回报，因为逻辑是相通的。

截至2020年4月底，A股上市公司2019年年报披露完毕。如果以10年为跨度考察ROE，每年ROE在20%以上的公司仅有9家，15%以上的也仅有31家。仅格力电器、贵州茅台、恒瑞医药、双汇发展、东阿阿胶、华东医药、承德露露、海康威视、洋河股份连续10年的ROE均超过了20%。这些食品饮料、医药生物龙头白马股都是价值投资者熟知的股票，大部分公司的股价上市至今几乎已翻了10倍。截至2020年，连续15年净资产收益率（ROE）大于15%的公司仅有3家：贵州茅台、格力电器、双汇发展。它们才是A股股王。

以ROE作为选股指标需要注意以下几点：

（1）要看长期。以ROE作为选股指标,不能只看几个季度，企业的经营活动短期会有波动，但如果ROE较长时间保持在20%以上，将是价值投资者较好的标的。

（2）亏损股。企业亏损，ROE就缺乏实质性的参考意义，但亏损企业中也有杰出的公司，比如亚马逊、京东等经历了长时间的持续亏损，然后才开始盈利。正是由于投资人有战略眼光，认可公司的商业模式，坚信未来前景光明，并且持续投入资金，才有后来的辉煌。如果仅凭ROE来筛选，那就会漏掉这些未来有巨大成长空间的公司。

（3）现金流。透过ROE难以看到公司的现金流。利润重要还是现金重要？这一直是一个有争议的话题。通常情况下，短期重现金、长期看利润，但不能只看其一。评估一个企业的内在价值是一件很复杂的事情，既要看公司当前所处的发展阶段，也要看公司的运营模式以及未来创造现金流的能力，一个指标是有局限性的。指标是辅助，建立全面的分析体系更为重要。ROE作为财务指标在一定程度上可以反映出企业的竞争优势，但如果作为估值指标就不如未来自由现金流的折现值。巴菲特很看重未来自由现金流的折现值，他认为这才是判断公司内在价值的唯一正确指标。这是因为净资产收益率是静态的、过去的指标，而企业在未来的存续期间所能创造的自由现金流是未来的、关键的指标。

5.低负债率的逻辑

价值投资者对企业负债比较敏感。巴菲特认为，选择股票要选负债率低的。在他看来，发展势头迅猛的公司是火，而高负债是水，持续浇水会扑灭熊熊燃烧的火。

资产负债率是企业财务风险控制的重点。从财务管理的角度看，资产负债率过低或过高都不是好现象，过低说明企业的经营保守或行业前景不好。一般情况下，欧美国家的资产负债率是55%左右，日本、韩国则为75%左右。

各行业的资产负债率标准有差异，衡量一个企业的资产负债率是否合理，需要置于同一行业进行比较。企业在做大做强的过程中，大多会加杠杆，通过举债使资产和收入快速扩张，获得超常规的发展。对于公司的决策层来说，实现公司规模的快速扩大和市场份额的提升，通常会面临杠杆的诱惑。资产负债率过高容易使企业陷入财务危机，如果盲目扩张、无序举债，一旦出现货币政策调整、融资渠道收窄、财务成本攀升、经营投资失败等，就会有资金链断裂的风险。

对于资产负债率多高才合理，不同的角色会有不同的视角。

（1）债权人：他们最关心借出去的款项能否按期收回本息。如果股东提供的资本只占企业资本总额较小的比例，由债权人承担的风险就集中，他们希望债务比例越低越好，企业偿债有保证。

（2）股东：由于企业通过举债筹措的资金与股东提供的资金在经营中发挥同样的作用，股东最关心的是收益。当资本利润率超过借款利息率时，股东的利润就会加大。因此，从股东的立场看，当全部资本利润率高于借款利息率时，负债比例越大越好。

（3）经营者：如果举债过高，企业继续融资的难度会增加。如果不去举债，说明企业的经营能力比较差。从财务管理的角度来看，需要充分估计预期的利润和增加的风险。

资产负债水平表明企业财务的稳健程度，资产负债率低说明企业的破产风险小，但并不表明企业盈利能力强。因此，资产负债率的高低与股票收益之间没有必然联系，选择股票的核心主要看企业的盈利前景即企业的成长性。上市公司的负债率只要在合理的水平范围，投资者就不需要过分忧虑。

通过格力电器这个案例，我们对资产负债率就会有比较全面的了解。

格力2015—2020年一季度，负债率从70%逐步降到了58%，超过电器行业的平均水平，一般认为电器行业负债率在40%—60%较为合理，贵州茅台同期的负债率在10%—35%。通常情况，高负债意味较高的财务费用，影响公司业绩，但格力电器比较特殊。

负债分为有息负债和无息负债两类。对于电器类企业而言，无息负债包含经销商的预收账款、向供货商延期支付形成的应付票据和应付账款，即利用产品优势占用产业链上下游的资金，这些都不产生利息。有息负债即金融负债，包括银行长期借款、发行的债券等，这些会产生利息，负债越多财务费用越高。

格力电器的负债大多是占用上下游环节资金而形成的无息负债，来自金融机构的有息负债的占比不大。公司2019年的利息支出为1.1亿元，相对于246.9亿元的净利润，占比很小。公司长、短期借款分别为0.46亿元、159.4亿元。公司自2010年以来的财务费用都是负数，说明财务收入大于财务支出。格力电器的资产负债率虽然看起来很高，但需要其支付利息的负债其实不高，这也正是其保持业绩持续增长的奥秘所在。这种模式的前提是品牌的优势、良好的信誉以及科学的管理。

价值投资者要认识资产负债率指标在投资中的作用，可以主要通过以下几方面：

（1）资产负债率可以评价企业的管理能力及盈利能力。

企业管理层如何把负债额度控制在合理的范畴，如何利用包括负债在内的资源去实现利润的最大化，这是对企业管理能力和盈利能力的有效评估。当负债被充分利用并创造出远大于负债成本的收益时，说明企业的管理能力强；反之，说明企业管理能力较差。杠杆既然可以放大风险，也可以放大收益。

（2）作为衡量公司财务风险程度的重要指标，资产负债率可以折射出公司当前股价的风险程度。

负债经营就像双刃剑，利用好了能为股东赚取更多的利润，利用不好会造成更大的损失。资产负债率超出合理范围越高，财务风险就越大，股价上行的压力也越大，风险相对就越大。这种放大作用，最终必将影响上市公司股价的变化。理论上说，投资股票后，投资者本质上就成了企业的股东，持有股本的比重越大，拥有公司的净资产比例就越大，同样承担公司亏损或破产的风险也相应增加，当然，享有公司增值收益的权益也越多，这点对价值投资来说比较重要。价值投资者是风险厌恶者，如果公司的资产负债率超出了正常水平太多，他们不想承担过高的风险就会卖出所持有的股票。资产负债率越高，价值投资者抛售股票的动机就越强，潜在的投资者也会观望，股价就可能下跌。

（3）合理的资产负债率有利于企业的发展壮大，有利于股价的稳定和上涨。

总体来说，如果负债需要付出的成本代价小于对股权的付出，可以增加现有股东的收益，股东权益回报率就会放大。反之，股东权益就会流失。一般认为，成熟企业的资产负债率在40%—70%是相对合理的，当然不同行业有差别。低于40%说明企业决策层保守，没有较好地利用负债来创造额外的利润，或者是暂时没有更好的发展项目。高于70%则表明过于激进，如果没有相应的利润支撑或有前景的项目相匹配，投资者对股价的高企就会谨慎。

（4）资产负债率越高，企业重新贷款的难度就越大。

金融机构会评估公司的还款能力，会调查借款人负债情况、盈利能力，资产负债率自然成为潜在债权人考虑的重要因素，过高的资产负债率会让他们更加谨慎。

（5）资产负债率对股价的影响是潜在的。

影响上市公司股价的直接因素是资金量，即二级市场中的供求关系直接影响股价的短期涨跌。投资者看好某只股票，资金供给充足，进而推动股价上涨，反之股价就会下跌。从影响股价表现的基本面上看，经济周期、盈利能力、发展前景等因素影响着股价的中长期变化。

（二）宽深的护城河不可少

我们喜欢拥有这样的城堡：它有很宽的护城河，河里游着鲨鱼和鳄鱼，足以抵挡外来的闯入者。我们相信所谓的护城河是不可能跨越的，所以我们致力于挖掘和拥有那些具有又宽又大护城河的企业，并且我们希望企业的管理者每一年都能持续加宽挖深企业的护城河，即使不能提高当年的盈利。

——沃伦·巴菲特

沃伦·巴菲特和查理·芒格被认为是“投资护城河”理念的创始人，巴菲特在给佛罗里达大学MBA专业的学生上课的时候首次提及“投资护城河”这一概念。

1993年巴菲特在《致股东的信》中提到：“在近几年当中，可口可乐与吉列剃须刀的市场占有率在不断地提高。这两者的品牌和产品本身的特性，甚至于两者的渠道，使他们的竞争优势非常明显。这两个公司的护城河非常宽阔。”在1995年的《致股东的信》里，巴菲特再次明确自己的投资方向：“我们一直在寻找那些拥有坚固护城河的堡垒。”

巴菲特说：“我一直都想，如果你有一个美丽的城堡，外边可能会有一些人会攻击这个城堡，从你手中把它夺走。我要的是一个我能了解，并且有一个护城河环绕来保护它的城堡。”

价值投资者一直都在寻找和选择那些有投资护城河保护的投资标的。企业的价值等于它未来创造的全部现金。一个行业只要有利可图，竞争对手就会接踵而来。而没有护城河的企业，竞争对手迟早会蚕食它的市场和利润。

一个企业拥有宽厚的护城河，不仅能够防止其他同行企业对市场的瓜分，独占利润，而且还可以具有强大的市场议价权，在交易中占据主导地位，护城河是企业长期良好发展的强力保证，所以寻找具有宽厚护城河的企业对投资者来说意义重大。

当下A股的机构投资者占比提升、A股全球化步伐加快、供给侧改革提升上市公司质量等边际变化使A股对护城河理论逻辑基础有了更大的适应性。重温巴菲特的护城河理论，可以发现明辨真假护城河的奥秘在于判断企业是否拥有定价权，这种经典价值投资理论在美股得到有效回馈。伴随国内价值投资理念的传播，A股投资策略也逐渐顺应“以龙为首”的结构性特征，2017—2019年A股相对占优的交易因子向大市值、低估值、优业绩、高股息的优质龙头股倾斜。

投资的摩天大厦必须建立在确定性之上，确定性才是投资的基石，企业的确定性正是来自护城河的保护。企业护城河到底能解决什么问题？可以解决选股的确定性和持仓问题。敢于越跌越买，一定是基于确定性，这不仅是一种逆向思维的能力，也是对公司内在和潜在价值的坚定判断，如果没有这种确定性，投资者建仓后基本上可能股票上涨时赚得蝇头小利出局、下跌时恐慌割肉或者惶恐不安。没有确定性带来的心安，结局也就可能是小赚大亏，难以持续盈利。

1.什么是护城河

晨星公司指出，跑赢市场的关键是要把握企业的可持续竞争优势、估值以及安全边际等要素。护城河指的是一套可保护公司抵御竞争的结构化屏障，杰出的公司有能力抵御竞争，能在未来很长时期维持高的资本回报率——盈余不断提升，向股东回报现金，内在价值实现复合式增长。

以所有者的身份来思考会使你成为一名更好的投资者。

投资的关键在于找到具有竞争优势的杰出公司，并确定该公司的这种优势的持续期。有着宽阔的、长流不息的护城河保护的产品、服务可以带给投资者丰厚的回报。利润可观就会有竞争者涌入，企业在竞争加剧的环境下难以长期维持强劲的增长和超额的利润，护城河必定是由公司本身所拥有的结构化因素构成的。

企业为自己和股东创造价值取决于两个因素：当前创造的价值量、未来很长时期内持续创造价值的能力。后者在未来实现超额收益的规模和时间是很难确定的，但它对成功的长期投资更为重要。缺少护城河的行业要取得好的收益是很难的，门槛过低竞争者众，企业无法维持成本优势，行业就会出现供给过剩。

企业有边际递减效应，就是随着生产规模的扩大，利润率会减低。这是一般企业的情况。具有护城河的企业因为具有强大的竞争优势和市场议价能力，可以做到边际递增，即随着规模的扩大，利润率不变或者利润率增加。如果你遇到这种企业，那么你就遇到了一家具有护城河的企业，比如贵州茅台，先后多次扩大生产规模，利润率却一直保持超高水平。

企业的护城河来自以下几点（见图2）：

（1）无形资产（有定价能力的品牌、专利或政府牌照）。

（2）成本优势（独特的技术、经营规模、工艺优势、地理位置优势、取得独特资产的优势形成的更低的成本）。

（3）转换成本（客户在同类产品中转换会觉得不便或支付额外的费用）。

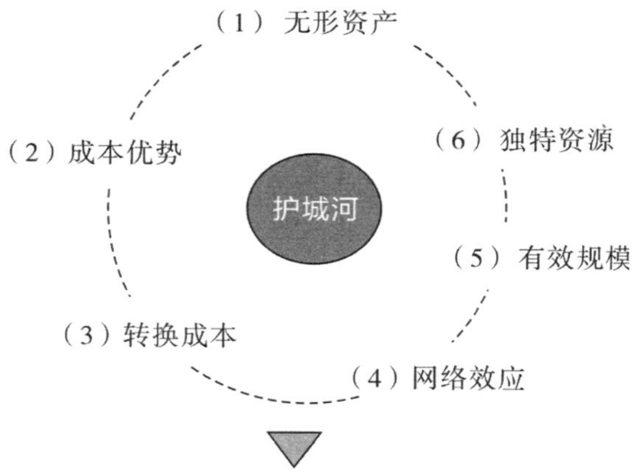

图2　企业的护城河来源

（4）网络效应（用户的持续增加带来产品或服务价值的不断提升，强者恒强）。

（5）有效规模（在规模有限的细分市场潜在的竞争者缺乏进入的动力）。

（6）独特资源（例如无法替代的茅台酒只能在茅台镇生产）。

从这些来源可以看出，多数企业的护城河是在市场竞争中获得的，既然是后天的，就有可能被复制乃至消失，只有宽而深的护城河才是价值投资之锚，但并非每个企业的护城河都是越挖越深。

看看下面这些护城河标的公司：

（1）迪士尼乐园。

这是基于品牌这一无形资本构建护城河的最佳范例。在无比强大的品牌池城下，其核心业务持续地带来强劲的利润，IP、周边产品、主题公园等都为迪士尼创造了突出的收益。

（2）星巴克咖啡。

咖啡本来是一种价格透明的全球互通商品，在国内，最近遭遇造假丑闻暴跌的瑞幸咖啡以低价竞争，但是星巴克的顾客却心甘情愿地为星巴克的产品付出品牌溢价。

（3）赛诺菲。

专利因素在生物制药领域尤其明显，赛诺菲是一家成功的制药公司，它在胰岛素生产领域具有专利，前期付出了高昂成本，致使其在相当长的时期内，在胰岛素领域未遭遇竞争对手。

（4）浦项制铁。

韩国以前的国有Posco（浦项制铁）公司曾控制了韩国高达75%的钢铁生产市场，公司离中国仅一天的海上航程，与运输成本较高的巴西公司和俄罗斯公司相比，浦项制铁在短期内具有难以替代的优势。

（5）鹦鹉纸浆公司。

巴西鹦鹉纸浆公司，是世界上规模最大、成本最低的纸浆生产企业。这家企业用来生产纸浆的原料来自桉树，它在巴西的生长速度比在世界上其他任何地方都快，竞争对手要花比他们多50%—200%的时间去种树……

（6）企业软件Intuit公司。

美国的企业软件Intuit公司旗下有两个软件QuickBooks（公司财务软件）和TurboTax（税务管理软件），这两个产品占据了75%以上的市场份额，公司的资本回报率曾经连续8年超过30%。因为企业一旦把数据全部移入QuickBooks中，再把数据转移到另一个软件就要耗费大量时间，且还可能出现数据遗漏或出错的情况。TurboTax作为税务管理软件相对来说转换成本要低一些，因为软件中的个人数据较少，但是纳税是一件很烦琐的事，用户熟悉了一套流程后并不太想学习一套新的。这正是很多SAAS企业的竞争壁垒，通过搭建较高的转移成本，且前期利用免费战略吸引客户投入数据。

那么护城河理论适合A股吗？

护城河理论在A股的土壤越来越深厚。2017年以来A股的价值风格持续跑赢，主题表现欠佳，主要是受到机构投资者行为模式转变的影响。2015年以来，机构的持股市值与流通市值占比不断攀升，价值投资风格驱使机构优先配置拥有护城河的企业，以贵州茅台为例，机构持股市值占比长期处于77%以上。在机构投资者结构中，公募基金、外资（含QFII和北上资金）、保险资金及社保资金等以绝对收益为主的机构持股市值占比不断提升。尤其是养老金入市进程逐步加快，作为绝对收益的偏好者，为了克服短期资产波动和流动性低等风险，养老基金的长期属性促使其选择长周期投资，以获取长期风险溢价。随着资本市场日渐成熟，以养老金为代表的长期投资者会更青睐业绩稳健型的有护城河保护的公司。

2.如何辨别真假护城河

一般投资者在实际运用巴菲特护城河理论过程中可能会遇到“投资陷阱”，因而如何厘清企业护城河真实的内在结构性优势就显得非常重要。如何明辨真假护城河？晨星公司证券分析部主管帕特·多尔西在《巴菲特的护城河》（2009）中指出，真正意义上的护城河并非优质的产品、高的市场份额、有效的执行力和卓越的管理，而是客户高昂的转换成本、强大的无形资产、成本优势、网络效应和相对的规模优势等（见图3）。

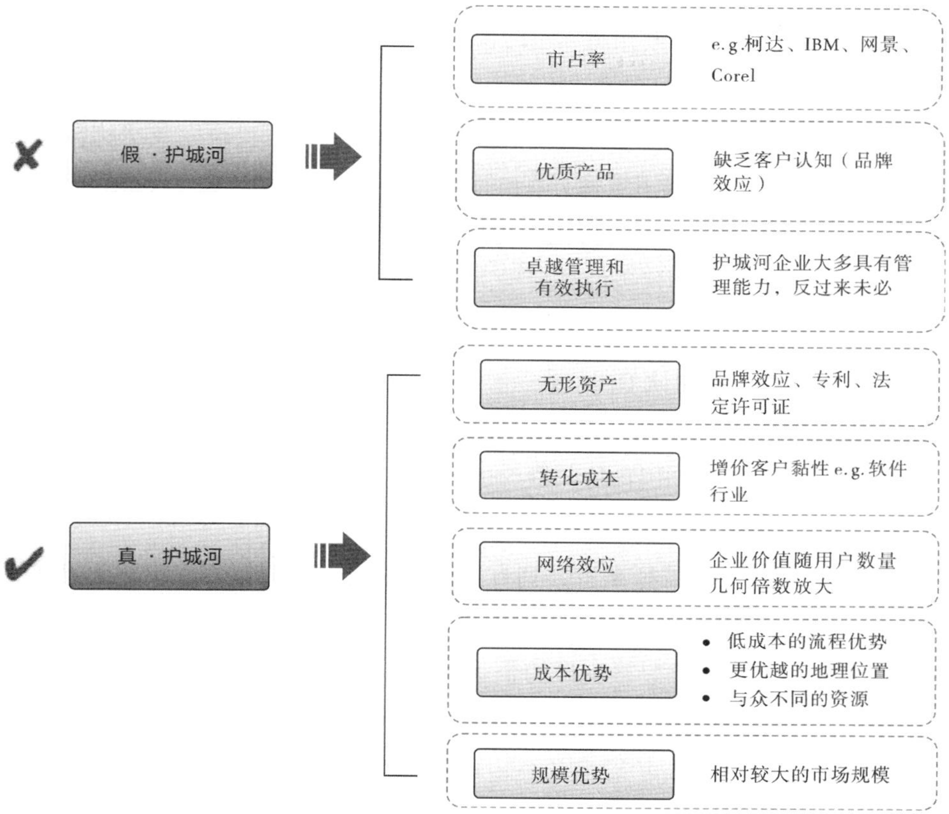

数据来源：晨星公司帕特·多尔西《巴菲特的护城河》（2009），广发证券发展研究中心。

图3 真假护城河的特征

假护城河有三大特征：高的市场占有率、优质的产品、卓越的管理和有效的执行。下面对其做一个简单的分析。

（1）高的市场占有率。高的市场占有率可能由高的制造成本产生，低成本制造商可以做大市场份额，但高市场份额未必做到低成本。因此，问题不在于企业是否拥有巨大的市场份额，而是它如何通过产品定价权真正赢得市场。

（2）优质的产品。优质的产品可以带来短期业绩，但如果没有可以保护主营业务的真正护城河（品牌、特许经营、技术壁垒等），新竞争者蜂拥而入可能会导致最终无利可图。因此，优质的产品是拥有护城河的企业的前提条件，但需要通过品牌推广等途径夯实护城河壁垒，比如当年的国产电视品牌长虹、康佳等已经慢慢淡出大家的视线。

（3）卓越的管理和有效的执行。个人对大规模组织所能带来的实际影响是有限的，卓越的管理和有效的执行并不代表企业拥有可持续竞争优势，优秀都是事后证明的，成王败寇，在一个护城河很深的企业里，具备高效的专有流程管理过程，平庸的管理层在短期内也可以使企业运行得不错，而在护城河很浅的企业里，再优秀的管理层也难以扭转乾坤。

3.护城河理论的认知误区

A股投资者以往对有企业护城河保护的公司存在一定的理解误区，容易陷入“护城河陷阱”，即因护城河概念误判企业的内在价值。

（1）认为拥有护城河的公司等同于龙头公司。

从真假护城河的特征来看，拥有护城河的公司因为拥有定价权而具备一定的龙头属性，但市场占有率高的龙头公司不一定具备护城河属性。商业模式易被模仿、竞争壁垒易被突破的企业本身并不存在坚固的护城河。

（2）认为护城河公司仅限于TMT（数字新媒体产业）、消费类成长股。

投资者过去将拥有护城河的公司定在白酒贵州茅台、家电格力电器、电子海康威视等具备高成长性的个股上，认为拥有宽护城河的公司一定符合消费升级和技术革新的确定性成长方向。这种误解没有考虑到成本优势这一真实护城河属性，比如周期类公司海螺水泥能够以低费用支出形成规模效应。

（3）认为护城河公司拥有大市值。

认为拥有护城河的公司应类似茅台，属于市值1000亿元以上的公司，这种误解撇开了行业格局因素。

（4）将护城河概念等同于垄断。

根据《中华人民共和国反垄断法》定义，垄断行为是指排除、限制竞争以及可能排除、限制竞争的行为。护城河概念强调的是公司内在的结构性竞争优势，而不是粗浅地通过某种专断权限制竞争，抢占市场份额，获取高额收益。拥有护城河的公司最直接的判断标准是拥有通过品牌效应、成本优势等换来的定价权，而这些途径本身均属于良性竞争。

虽然宽阔的护城河可以为投资组合带来超高收益，但只有当投资者以低于企业内在价值的价格买入股票时，持有拥有宽阔护城河的公司的股票才会呈现出更加明晰和持续的优势。投资的收益不仅来源于市场波动的收益，同时也来源于估值的修复，如此才能获得超额收益。此外，任何公司的实际公允价值都不可以被确切地估算，现金流贴现法只能尽量地让我们了解可能结果所在的范围，并尽力地缩小范围区间。不同的公司要求不同的安全边际，根据不同的情况提出不同的折价要求会提高你的胜算。寻找护城河，确定公允价值，留下犯错空间。表1是A股中部分拥有护城河的公司。

表1　A股中部分拥有护城河的公司

行业	超一流公司	护城河属性	成长属性
白酒	贵州茅台、五粮液	品牌、转换成本	中
交运物流	上海机场	地理位置	一般
调味品	海天味业	品牌、成本优势	中
餐饮	海底捞	品牌	高
电商团购	阿里、京东、美团	网络经济、转换成本	高
互联网	腾讯控股	网络经济、转换成本	高
新能源	宁德时代、隆基股份	专利、规模经济成本优势	高
CRO	药明康德	成本优势、转换成本	高
医疗机构	爱尔眼科	品牌	高
医药制造	恒瑞医药	专利	高
医疗器械	迈瑞医疗	转换成本	高
免税	中国中免	政策壁垒、规模经济成本优势	高

（三）卓越的管理团队

一家企业如何从平凡走向卓越？这是管理学家们非常感兴趣的研究课题。

在20世纪80年代的畅销书《追求卓越》（托马斯·彼得斯和罗伯特·沃特曼合著）中，作者对几百家公司的第一手材料进行筛选后留下43家优良标的，发现优秀企业的个性有差异，但拥有一些共同的品质如崇尚行动、贴近顾客、自主创新、以人助产、价值驱动、不离本行、精兵简政、宽严并济等。在几年之后43家优秀企业有32家经历了严重的财务危机，说明这些基本属性并不是决定因素。20世纪90年代风行的《基业长青》的作者吉姆·柯林斯和他的团队用6年时间做了一个系统研究，他们持续对38家美国一流企业进行跟踪，探讨高瞻远瞩的公司之所以基业长青的影响因素。以下这些因素出人意料地被他们排除在外：富有魅力的领导人、伟大的构想、高明复杂的策略规划、追求最大利润为首要目的。他们认为高瞻远瞩的公司有自己指导实际运营的核心价值观，企业在创造了长期经济报酬的同时融入了社会洪流之中。

管理者是一个企业的魂灵，引领这个企业前行，他们对企业的运转有直接的影响。杰克·韦尔奇有一段很重要的话："我不是管理通用公司，我是领导它，我的主要工作是去发现伟大的观念，并让它以光的速度，在整个企业获得推广。"

华为能在短短30年的时间里超越海外拥有百年历史的通信业巨头，任正非的制度设计起了重要作用，华为的轮值CEO制度能实现经营与管理的双丰收，而别的企业一学就死。

美国的机构在调查中发现，当代世界500强企业领导人具备的共同特点包含诚实地经营企业、确立了明晰的战略目标、建立了有效的管理团队、形成了激励员工追求卓越的机制。

卓越的管理层有哪些基本标准？巴菲特是这么说的："他们热爱自己的公司，像所有者那样思考，他们的所作所为表现出高尚的品德与出众的能力。"

高尚的品德并不代表大公无私，只是说对企业全力以赴，能站在股东权益的角度去规划企业。有些优秀的企业如茅台等，无须特别出色的管理团队，也不需要特别的管理天赋，因为这些企业有先天的资源优势以及卓越的品牌优势，形成了超越个人的稳定的运行机制，真正拥有业务护城河的企业很多人都能管理，但是行业发展有周期，繁荣期会掩盖很多问题，当市场出现调整时，卓越的管理团队所起的作用就会凸显。优秀的管理团队需要有效的搭配，如巴菲特就非常注重团队在战略层面和执行层面的搭配。

二、“独角兽”的魅力

独角兽是我国古代神话传说中一种头顶正中长着单角的动物。西方神话中的独角兽代表稀有、高贵和纯洁，其外形像白马，额前长有一个螺旋角。随着科技的进步和科技企业成长步伐的加快，独角兽这一概念被用来指估值达到10亿美元以上的初创企业。

2013年，美国著名风险投资家Aileen Lee把私募和公开市场的估值超过10亿美元的创业公司做了分类，并称之为“独角兽”，这一名称迅速在硅谷流行开来，并且出现在《财富》封面上。2003—2013年，仅有39家公司从6万多家的竞争者中脱颖而出，实现了估值超过10亿美元，Lee提出独角兽概念正是基于这样的背景。

（一）独角兽企业的特征

（1）自成长。独角兽企业能够让用户以足够低的价格或足够方便的流程享受到产品或服务，从而构建满足自身成长基本条件所对应的商业模式，如：Uber美国区的累计用户和小米MIUI的用户累计数量分别平均约3.5个月和7.9个月翻一番。虽然独角兽企业开始时从传统金融机构那里得到贷款支持的可能性低，但由于覆盖了大量的用户和拥有庞大的流量，更容易得到资本市场的青睐。中国独角兽企业的驱动力源自商业模式创新（而非高科技），它们利用了中国庞大、快速增长而又高度细分的零售消费市场，有58%的中国独角兽企业来自互联网、电子商务、线上到线下（O2O）和游戏领域便是明证。

（2）颠覆性。独角兽企业大多有着独特的赛道，处于新兴行业或行业上升期，通过激发新的需求或以更好的方式满足该行业快速成长，如宁德时代。美国的独角兽企业重视高科技，中国的独角兽企业重视商业模式。美国有45%的独角兽企业来自需要更高科学研究实力的领域，如人工智能、大数据、机器人、软件、医疗保健和生物技术。

（3）跨界融合。融合不同行业、技术产生新的业态，如大数据、人工智能、区块链、云计算、物联网与金融融合形成的金融科技公司有蚂蚁金服、恒生电子等。从独角兽企业的估值看，美国交通领域最高，中国金融科技最高。我国独角兽企业分布在金融科技、交通出行、电子商务、云服务等19个行业中，其中金融科技领域的独角兽企业数量位于前列，行业内独角兽企业估值最高，数量和估值分别为22家和2620亿美元。美国125家独角兽企业主要分布在交通出行、企业服务、金融科技、大数据、房产服务、大健康等26个行业中，其中交通出行领域共有2家企业，估值为835亿美元。表2、表3分别是美国和中国独角兽企业数量最多的行业。

表2　美国独角兽企业数量最多的行业

	行业	独角兽数量	总估值（亿美元）	成为独角兽平均所花时间（年）
1	云计算	30	970	8
2	金融科技	21	710	6
3	人工智能	20	430	7
4	电子商务	17	370	6
5	健康科技	12	220	7

表3　中国独角兽企业数量最多的行业

	行业	独角兽数量	总估值（亿美元）	成为独角兽平均所花时间（年）
1	电子商务	33	620	5
2	金融科技	22	2620	5
3	媒体和娱乐	17	1230	6
4	物流	15	570	6
5	人工智能	15	300	4

（4）创始人年轻化和高学历。全球独角兽企业成长年数大多位于4—8年这个间距，平均6.2年，具有快速成长特征，这源于新兴行业空间的大容量和独角兽企业创始人高涨的创业激情。过去10年，独角兽企业年均增加30余家，年均增速接近200%。创始人的平均年龄在30—45岁，独角兽企业TOP50的创始人起始年龄31.7岁。同时，创始人均拥有良好的教育背景。不同于传统的创业者，独角兽企业创始人这一群体有能力拨开纷繁复杂的经济环境、技术变革趋势的干扰去洞察和把握未来商机，他们中的90%拥有大学本科及以上学历，70%毕业于全球TOP100大学，57%为科技类专业，29%是经济和管理类专业，人文类和设计类专业分别仅为6%和4%。独角兽企业一出生就具有技术驱动的基因，人工智能、大数据、云计算、新能源、生物医药等技术驱动型企业目前已成为独角兽群体的重要组成部分。

（5）地域相对集中。空间分布集聚态势明显，全球独角兽企业主要集中在中美两国。智库CBInsights对2018年全球独角兽企业做过统计：全球有326家独角兽企业，美国有156家、中国有94家，英国有17家、印度有13家、德国有8家、韩国有6家，这6个主要国家之外的世界其他地区的独角兽企业仅有32家，不到全球总数的10%。全球独角兽企业数量TOP10的城市为：北京、旧金山、硅谷、纽约、上海、洛杉矶、深圳、杭州、柏林和伦敦。以上区域创新创业氛围较好，科研院所众多，研发成果频出，有着全球影响力的企业和产业集群，产业基础和创业环境突出。

（二）中国独角兽企业的未来前景

国内互联网行业的头部企业垄断特征越来越明显，阿里巴巴、腾讯、百度、京东四大巨头支撑起了中国近50%的独角兽企业。独角兽企业绝大部分分布在北京、上海、杭州、深圳这几个头部城市。独角兽企业已成为头部互联网企业生态链的重要构成部分，如杭州的阿里巴巴集团，北京的百度、搜狐、新浪，深圳的腾讯，上海的美团、大众点评等。表4是部分从大公司分拆出来的独角兽。

表4　部分从大公司分拆出来的独角兽

独角兽企业	分拆自	国家	估值（亿元）	行业
蚂蚁金服	阿里巴巴	中国	10000	金融科技
淘票票	阿里巴巴	中国	150	电子商务
阿里体育	阿里巴巴	中国	70	媒体和娱乐
陆金所	中国平安	中国	2700	金融科技
平安医保科技	中国平安	中国	600	健康科技
金融壹账通	中国平安	中国	500	金融科技
京东数科	京东	中国	1300	金融科技
京东物流	京东	中国	800	物流
京东健康	京东	中国	100	健康科技
苏宁金服	苏宁	中国	500	金融科技
苏宁体育	苏宁	中国	150	媒体和娱乐
贝壳找房	链家	中国	600	房地产科技
UberATG	Uber	美国	500	共享经济
度小满金融	百度	中国	200	金融科技
微鲸	华人文化	中国	100	消费品
蜀海	海底捞	中国	100	物流
日日顺	海尔	中国	100	物流
金山云	金山	中国	100	云计算
58到家	58同城	中国	70	软件与服务
Nikola Motor Company	Nikola	美国	70	新能源汽车

随着我国经济下行压力驱动产业加速变革，独角兽企业有望迎来发展新契机。受2020年新冠肺炎疫情影响，政府从政策层面加大投入促进新型基础设施建设，以拉动经济增长。从行业层面看，竞争压力加大将加速传统行业拥抱新模式、新技术、新业态，以5G、人工智能、云计算、大数据等新技术为代表的数字信息技术相关产业链众多，是独角兽企业诞生的土壤和竞争的赛道。有政策和市场的引领，科技独角兽企业有望迎来快速发展。

资本是独角兽企业高速成长的助力，一些独角兽企业过度追逐资本，极易产生泡沫，随着资本市场回归理性，独角兽企业需要克服烧钱扩张的弊端，提升企业经营管理能力和持续的竞争力。宽松的监管环境虽然有利于独角兽企业快速发展，但长期健康发展还有赖于政策监管的完善。在疫情的影响下，独角兽企业将加速与传统企业的融合创新，对未来经济发展的引领作用也将日益显著。

（三）如何鉴别独角兽企业的投资价值

投资者看独角兽企业有没有投资价值，关键要看其是否具有核心竞争优势、其所在行业是否处在高增长的赛道、企业自身是否具有长期成长价值。投资独角兽企业需要坚持价值投资理念，把眼光放得更长远，分析5—10年以后的盈利空间，这需要有点理想主义的浪漫色彩，同时需要高度的自律，保持理性判断，为价值而投资。以独角兽企业频出的美国生物医药行业为例，自基因泰克诞生至今44年，整个行业在前32年都在亏损，直到2008年之后首次盈利，数百家生物科技上市公司只有67家是盈利的，其中80亿美元的利润归于行业TOP3的公司，分别为基因泰克、安进和吉利德，其余300余家上市公司总体亏损60多亿美元，生物科技公司盈利之路漫长而艰辛，正是资本市场的鼎力相助成就了独角兽企业。表5是2019年胡润全球独角兽企业活跃投资机构百强榜TOP 10。

表5 2019年胡润全球独角兽企业活跃投资机构百强榜TOP 10

	投资机构	独角兽数量
1	红杉资本	92
2	腾讯	46
3	软银	42
4	老虎基金	36
5	IDG	31
6	高盛	24
7	阿里巴巴	22
8	安德森·霍洛维茨基金	20
8	DST	20
10	纪源资本	19
10	启明创投	19

独角兽企业应具有社会价值，能够满足和解决社会大众的某种需求，而不仅仅是营业利润、市值规模，真正的独角兽企业都是具有社会使命感、拥有自主知识产权以及核心技术的企业，剽窃、模仿别人的企业是难以成为真正的独角兽企业的。独角兽企业不能缺少理性的企业精神，企业如果对物质的追求超越了对理性精神的追求，人性的各种罪恶就可能粉墨登场。一个没有社会使命感的企业，必然是目光短浅的企业，多数仅仅是为了满足所有者自身的物质需求、名誉追求。如果只从个人所有权的角度去考虑企业的归属，忽略企业的社会价值和社会属性，必然会丧失社会使命感，这也是国内的大多数企业难以很好地传承下去的一大原因。

三、“隐形冠军”的光芒

德国的赫尔曼·西蒙教授首次提出“隐形冠军”的概念，被称为“隐形冠军”之父，他是德国著名的管理学思想家、享有盛名的管理大师，著有《隐形冠军》一书。

1986年，时任欧洲市场营销研究院院长的赫尔曼·西蒙在杜塞尔多夫巧遇哈佛商学院的西多尔·利维特教授。西多尔·利维特问他：“有没有考虑过为什么联邦德国的经济总量不过是美国的1/4，但是出口额却雄踞世界第一？哪些企业对此所作的贡献最大？”西蒙开始认真思考这一课题，他发现德国西门子、戴姆勒—奔驰等企业巨头在国际竞争中并没有特别的优势，于是他开始分析德国的中小企业。他在研究德国出口数据时发现，德国有60%—70%的出口是由中小企业贡献的，远高于其他发达国家中小企业出口比例，原因在于德国拥有一批世界领先的中小企业。它们的营业收入虽然规模很小，甚至不为人所知，但在行业中市场份额却很高，往往能占该行业世界份额排名的第一或第二。西蒙教授把这类领军企业称为“隐形冠军”（见图5）。

根据西蒙教授的定义，“隐形冠军”企业需具备三个标准：一是某个领域处于世界前3强的公司或某一大陆上名列第一的公司；二是营业额低于50亿欧元；三是企业的知名度相对较低，不为大众所熟知。“隐形冠军”企业有一些特质：有宏大的目标，有在细分领域做世界级领袖的雄心；保持专注，专注于一个相对狭窄的行业；全球化策略，努力服务于全球各个市场的客户；勇于创新，会把自己接近7%的收入放在研发上，获得比大企业多5倍的专利数量；亲近客户，30%以上的员工都跟客户有着亲近的客户关系，有着非常频繁的接触；在人才上具备竞争优势，许多员工技艺都是世界一流的；员工高效和领导有力，相互间通常有着家人般的关系；去和最强对手PK，想成为"隐形冠军"就要去占领高端市场，而不是服务于低端市场；机构精简，在企业正常运转的基础上做到管理最简化；自主加工，谨慎外包，严格控制，保证产品品质。

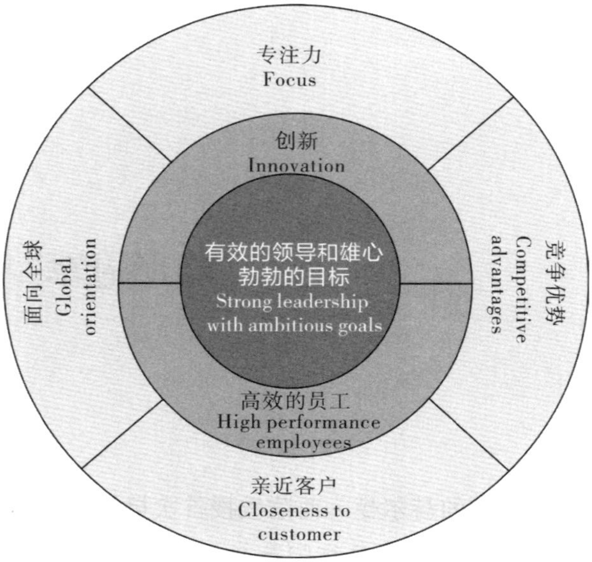

图5　西蒙认为"隐形冠军"企业拥有的特质

由于长期专注利基市场，大多服务企业客户，使得这些企业"隐形"。高度专业化，追求高质量的产品和服务，使得这些企业成为"冠军"。其实这些企业也并没有我们想象的那么低调或隐蔽，有的企业和产品在行业是有口皆碑的，只不过大众并不知晓而已。

《隐形冠军》一书的数据显示，全球"隐形冠军"的年龄中位数为66岁，这表明目前大多数存活的"隐形冠军"通常起家于传统领域，并顺时应变，通过抓住新兴领域带来的机遇进一步稳固市场地位。它们多位于2B领域，是客户背后的配套产品供应商，其产品不为最终消费者所见，比如德国的伍尔特公司，只生产螺丝、螺母等连接件产品，但全球80多个国家有它的294个销售网点，上至太空卫星下至儿童玩具都使用它们的产品，几乎涵盖了所有行业领域，年销售额达到70多亿欧元。它们许多处在价值链后端，为其他公司提供配套的机器、零部件、软件或者流程。即使它们主营快速消费品，也是由终端的供应商做贴牌销售，包装上一般不会出现公司的名字。典型的“隐形冠军”通常是在很小的市场里运作单一产品，深耕狭长市场，主要通过技术取胜，业务规模并不大，多为中小型企业。

A股市场的“隐形冠军”如何？有券商机构认为满足3个标准和4个特点的上市公司可以成为“隐形冠军”。3个标准是排名世界市场或本国前3位、罕为外界所知、年收入低于200亿元；4个特点是业务聚焦、资源优势（研发及创新能力）、业绩稳增、市占率领先。

表6 “隐形冠军”清单：二十一家制造业中游企业

公司名称	上市板块	Wind行业	主要产品	所有制	市值（亿元）
鹏鼎控股（002938）	中小板	电子元件	印刷电路板：全球营收第一	混	566
长电科技（600584）	上海主板	半导体	集成电路封装测试：市占率全球第三	混	231
汇顶科技（603160）	上海主板	半导体	屏下光学指纹芯片：全球商用机型最多、累计出货量最大	民	521
光迅科技（002281）	中小板	通信设备	光电子器件：全球市占率7.1%，排名第四	国	181
激智科技（300566）	创业板	电子元件	光学扩散膜：全球市占率领先	民	23
纳思达（002180）	中小板	电子元件	打印机业务：细分行业领先	民	269
通威股份（600438）	上海主板	半导体	太阳能电池片：出货量全球第一 多晶硅料：产能全球前三	民	592
艾华集团（603989）	上海主板	电子元件	节能照明用铝电解电容器：全球市占率第一	民	72
恩捷股份（002812）	中小板	材料	锂电池湿法隔膜：全球市占率14%，排名第一	混	260
光电股份（600184）	上海主板	材料	高端光学材料：全球市占率13%	国	57
诚志股份（000990）	深圳主板	材料	低端TN液晶材料：全球市占率70%以上 中端STN液晶材料：全球市占率40%	国	250
万润股份（002643）	中小板	材料	高端TFT液晶单体材料：全球市占率15%以上	混	92

（续表）

公司名称	上市板块	Wind行业	主要产品	所有制	市值（亿元）
强力新材（300429）	创业板	材料	PCB光刻胶化学专用品：全球主要供应商	民	58
国瓷材料（300285）	创业板	材料	氧化锆修复材料：全球市占率10%	民	160
福莱特（601865）	上海主板	材料	光伏玻璃：市占率全球第二	民	182
太钢不锈（000825）	深圳主板	材料	不锈钢：全球领军行业	国	240
卓郎智能（600545）	上海主板	工业机械	中高端梳棉机市场：全球市占率13.6%	混	141
长虹华意（000404）	深圳主板	工业机械	冰箱压缩机：全球市占率超20%，排名第一	国	30
金风科技（002202）	中小板	电气设备	风电新增装机：全球排名第二	民	441
和邦生物（603077）	上海主板	农用化工	双甘膦：全球最大供应商，市占率60%	民	167
安道麦A（000553）	深圳主板	农用化工	非专利农药：销售额全球第一	国	261

注：天风证券2019年7月整理的数据。

“隐形冠军”在业务方面把1米深的市场挖到了100米深。它们在大众视线之外，仅为行业内人士知晓，有较强的、以研发和创新能力作为根基的资源优势壁垒。

它们拥有对稀缺资源的使用权、在相关技术领域有多年专利积累并拥有自己的研发创新能力、构建了完整的产业链等其他竞争对手很难或几乎不可能获得的资源。

营业收入能持续增长，意味着公司形成稳定盈利能力有了基础，具体表现在其毛利率、净利率呈现多年平稳或有上升趋势，显示其在上下游间的价格方面具有较强的话语权，以及其对内成本具有较强的控制能力。具有比同行更高的利润、更低的资产负债率，以及持续多年的研发投入、注重对员工的培养等特征。

由于“隐形冠军”在业务层面选择专注一个细分市场，其营收增量将大部分来自对新市场空间的开拓，因此其市场占有率遥遥领先，常处于世界市场或本国排名前三位。“隐形冠军”都非常专注、聚焦，因为只有聚焦才会做出一流企业。这类企业仅生产一类产品，却可以在所有应用领域做到“赢家通吃”，在全球占据极高的市场份额。例如全球医药包装系统的领导者Uhlmann的策略是：“以前我们只有一个客户，将来我们也只有一个客户：医药行业。我们只做一件事情，但我们会把它做好。”可伸缩拴狗带的市场领导者Flexi的策略是：“我们只专注一件事情，但我们比其他人做得更好。”它的产品遍布世界100多个国家，全球份额达到了70%。

“隐形冠军”公司通常采取全球布局的营销策略，很多公司构建了全球化的自营模式，不仅把产品销售至各国，甚至生产也会实现本地化。

根据“隐形冠军”的相关标准，A股“隐形冠军”类上市公司不是很多，具备“隐形冠军”潜质的上市公司也很少。有冠军基因且前景较为确定的A股上市公司大多是与衣食住行相关的消费类公司（见表7）。

表7　截至2019年5月A股中消费类“隐形冠军”个股

证券代码	证券简称	所属行业	总市值（亿元）	PE（TTM）倍	今年以来累计涨跌幅	最近3年销售净利率平均值	最近3年销售毛利率平均值	最近3年ROE平均值	最近3年营业总收入复合年增长率	最近3年净利润复合年增长率
601933.SH	永辉超市	超市	957.05	51.55	27.06%	2.25%	26.96%	18.76%	18.72%	34.73%
603708.SH	家家悦	超市	133.33	29.67	41.81%	2.80%	24.76%	23.13%	6.68%	20.25%
603288.SH	海天味业	酱油	2565.35	55.30	39.63%	24.22%	39.72%	34.52%	14.58%	20.26%
600872.SH	中炬高新	酱油	287.90	45.92	22.67%	14.50%	27.70%	21.63%	14.73%	34.93%
600305.SH	恒顺醋业	醋	110.56	34.83	35.67%	15.91%	28.80%	26.80%	9.07%	8.32%
002327.SH	富安娜	家纺	65.93	12.50	6.69%	18.82%	12.67%	12.73%	11.73%	10.64%
002832.SZ	比音勒芬	服装	80.97	24.01	33.68%	17.55%	25.08%	25.44%	25.11%	33.37%

（续表）

证券代码	证券简称	所属行业	总市值（亿元）	PE（TTM）倍	今年以来累计涨跌幅	最近3年销售净利率平均值	最近3年销售毛利率平均值	最近3年ROE平均值	最近3年营业总收入复合年增长率	最近3年净利润复合年增长率
600298.SH	安琪酵母	酵母	223.33	27.36	7.41%	13.60%	16.12%	12.38%	16.64%	45.16%
603345.SH	安井食品	食品加工	98.52	35.07	23.91%	6.03%	21.67%	17.20%	18.47%	28.17%
002507.SZ	涪陵榨菜	榨菜	227.18	32.36	33.24%	28.25%	31.28%	30.93%	27.18%	61.41%
002661.SZ	克明食品	挂面	49.89	28.82	21.80%	5.92%	18.85%	15.52%	16.13%	20.59%
002127.SZ	南极电商	专业连锁	301.95	32.85	63.56%	46.32%	47.58%	52.49%	104.99%	72.79%

注：数据截至5月17日。

四、A股中杰出公司案例

（一）贵州茅台

贵州茅台是一家有着竞争优势的企业，有着突出的竞争力、牢固的市场基础、强劲的系统化发展能力。公司拥有由著名的品牌、卓越的品质、悠久的文化、厚重的历史积淀、独特的市场环境、特殊的工艺等优势所组成的核心竞争力。公司市场消费人群稳定、渠道资源丰富、市场布局完善、销售体系成熟。公司拥有规模化的产品生产和配套能力，拥有实力雄厚的管理、技术、营销团队以及精通制酒、制曲、勾兑、品评的工匠队伍。

贵州茅台之所以成为价值投资的标杆和旗帜，主要由以下因素决定。

1.宽深的护城河

投资者都知道，贵州茅台有较深的护城河。其护城河源自品牌、提价能力以及中国酒文化。总的来说，茅台酒酿造工艺的独特性、产量的有限性使其具有提价的主动权，消费者受深厚的酒文化影响对酒有强烈的应酬和助兴需求。由以上因素形成的宽深护城河使得其他竞争者难以进入行业。

（1）百年品牌历史积淀和高端品质使其获得“国酒”地位。茅台酒的工艺复杂，从酿造到出厂需5年之久，所酿优质酒出酒率在90%以上，使其产品结构能够优于受窖龄制约的高端品牌浓香酒，高品质酒为高品牌价值奠定基础。公司的高品牌价值由其悠久的历史和优质且可收藏的产品决定。自2003年以来，该公司年化提价超过8%，消费者对其品牌的认可度决定了公司具备很高的提价能力。我国拥有历史悠久的酒文化，为白酒提供了具有黏性的消费人群和消费场景。拥有历史文化积淀以及多次用于外交活动的茅台酒品牌有其独特性，“国酒”定位是其他白酒品牌所不具备的特殊地位。

（2）复杂的酿造程序和得天独厚的酿酒环境形成了独特的酿造工艺。酿制茅台酒要经过2次投放原料（端午踩曲，重阳下沙）、9次蒸煮、8次摊晾加曲、7次取酒，生产周期长达1年；然后陈贮3年以上，再采用酒勾酒的方式将100余种不同酒龄、不同香型、不同轮次、不同酒度的基酒进行组合；再贮存1年，酒质更加和谐醇香、绵软柔和之后才能装瓶出厂，全部流程近5年的时间。特殊的工艺使得茅台酒很难根据当下市场需求调节生产，销售量通常由4年前公布的基酒产量决定，即以产定销。

五粮液和泸州老窖等酿造高端浓香酒的方法与茅台所酿造的酱香酒不同。前者的关键是酒窖的年龄，即连续使用的酒窖的窖龄越长，优质酒的出酒率就越高。酿造浓香酒的窖池存续时间在60年以上，优质酒的产出率在40%—60%；如果窖池存续时间是40年，优质酒的产出率在30%左右；10年之内的酒窖无法酿出优质酒。因此，浓香酒的酒厂很难在短期内扩大酒窖提高产量。另外，浓香酒酿酒厂需要解决酿造过程中剩余的大量中端、低端酒，从某种程度上说浓香酒酿酒厂销售低中端酒是“被迫”的，不利于提高公司的品牌影响力。虽然五粮液和泸州老窖的高端浓香酒的产量比茅台低，但是市场并没有做出“物以稀为贵”的选择，五粮液和泸州老窖的市场认可度很难超过茅台。茅台是高端白酒的价格标杆，为高端白酒打开了价格空间（见表8）。

表8　国内高端白酒的销量及价格

高端白酒品牌	高端系列2018年销售量（万吨）	高端系列2019年销售量（万吨）	品牌中的代表单品	单瓶出厂价（元/500ml）	指导价（元/500ml）	到手价（元/500ml）
贵州茅台	3.25左右	3.46左右	53度飞天茅台2020年	969	1499	2500—3000
五粮液	2.00左右	2.40左右	五粮液普五第八代2020年	889	1399	1000左右
国窖	0.65左右	0.85左右	52度国窖1573	890	1399	1000左右

注：五粮液和泸州老窖的高端系列销售量为根据年报相关数据得出的模糊数据，用于粗略比较及参考；单瓶出厂价、指导价、到手价参考2020年12月市场价格。

不可复制的酿造环境。茅台的原材料主要为赤水河的水、当地的糯性高粱，加上酿酒基地的特殊自然环境，茅台酒酿造难以转移和复制。茅台镇产的糯性高粱（俗称红缨子）颗粒均匀、坚实、饱满，皮厚粒小，支链淀粉含量在90%以上，其截面呈玻璃质地状，能够满足茅台酒逐步糊化，多次蒸煮、翻拌、发酵的需要，其他地方的高粱通常第5次取酒时就被榨干了，而糯性高粱使酒的每一轮的营养消耗保持在一个合理范围内，其富含的单宁对酱香酒发酵产生独特香气有催化作用。当地的糯性高粱用来酿造酱香酒的价值最高，酒厂的收购价格也高，农民与酒厂形成了互利共赢的利益攸关体，可以说公司掌握着上游资源。

茅台酒的酿酒基地分布在二合镇、习酒镇和茅台镇，都处在高原地带最低点的盆地，远离高原气流，终日云蒸雾绕，夏季35℃—39℃的高温期长达5个月。长期闷热、潮湿、雨雾的环境有利于酱香酒所需的独特微生物滋生。20世纪六七十年代国内曾尝试将茅台酒在异地生产，结果均未成功，这证明了茅台酒与产地环境的融合难以被复制。

总之，独特环境、独特工艺酿造出来的茅台酒越陈越香。天猫会员店的数据显示，年份越早的茅台酒价格高于当年出厂的茅台酒，说明茅台酒的收藏价值很高，而收藏价值也推动了茅台酒品牌价值的提高。

（3）出厂价年均提高8%以上。2003年以来茅台酒的出厂价年均提价8%

以上，超过普五、国窖1573的年均提价率。2003年以来，普五、国窖1573的出厂价均出现过大幅提价然后降价的现象，对品牌形象造成负面影响，而飞天茅台的出厂价却稳步向上，年均提价8.64%，超过通货膨胀率（见图6）。

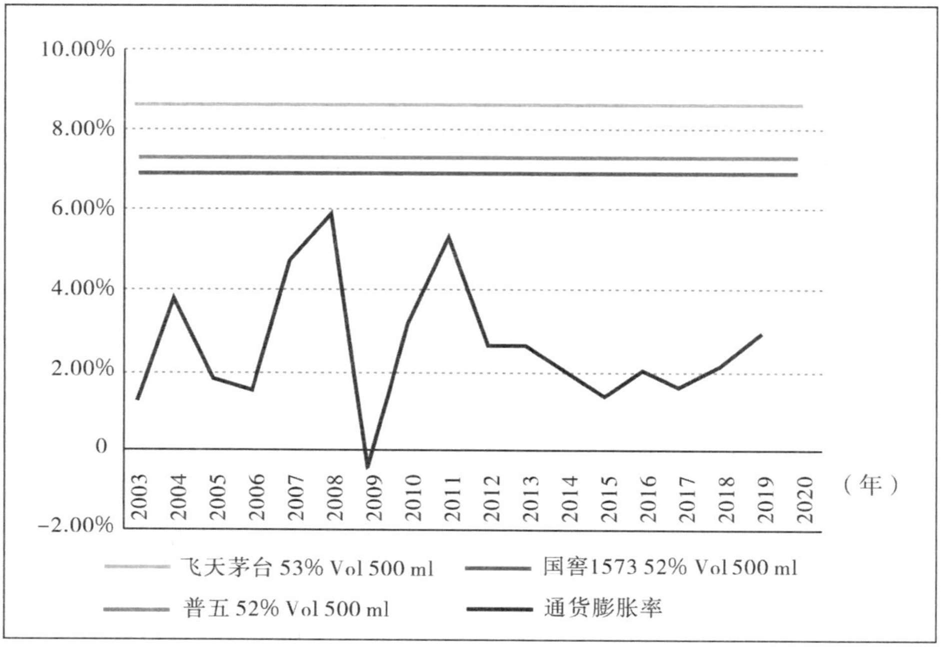

图6　高端白酒年复合增长率与通货膨胀率对比

近期普通飞天茅台的出厂价与批价的差距明显，市场供不应求。有机构推测，2022年我国高端白酒的市场占比将提高到19%，但2020年起茅台酒的基酒产量将较长时间维持在5.6万吨，今后高端白酒产量增加而茅台酒的产量却限量，维持供不应求的情况将依然持续，公司持续提高出厂价格具有现实基础。以往公司平均每2年进行一次20%左右的提价，而目前公司距上次提价已近3年，因此，两年内提价20%的概率很大，对业绩增长将有较大推动作用。

2.优异的经营业绩

公司拥有高毛利率和高ROE。2013年起，贵州茅台的营收与净利润均超五粮液，稳居行业首位。2019年公司的营业收入为888.54亿元，净利润为412.06亿元。营收水平接近五泸洋3家的总和，净利润比五泸洋汾4家的总和还多100亿元左右。贵州茅台的毛利率近10年来基本稳定在90%，远高于同业公司在70%左右的毛利率，主要因为高端产品的比重高于同行业。营收规模和高毛利率使公司净利率维持在50%左右，远超过其他白酒企业（见图7）。由于行业成熟、投入少，产品的更新迭代较慢，公司的ROE基本上保持在30%以上（见图8）。公司上市以来年年分红，近3年股利支付率在50%以上（见图9）。

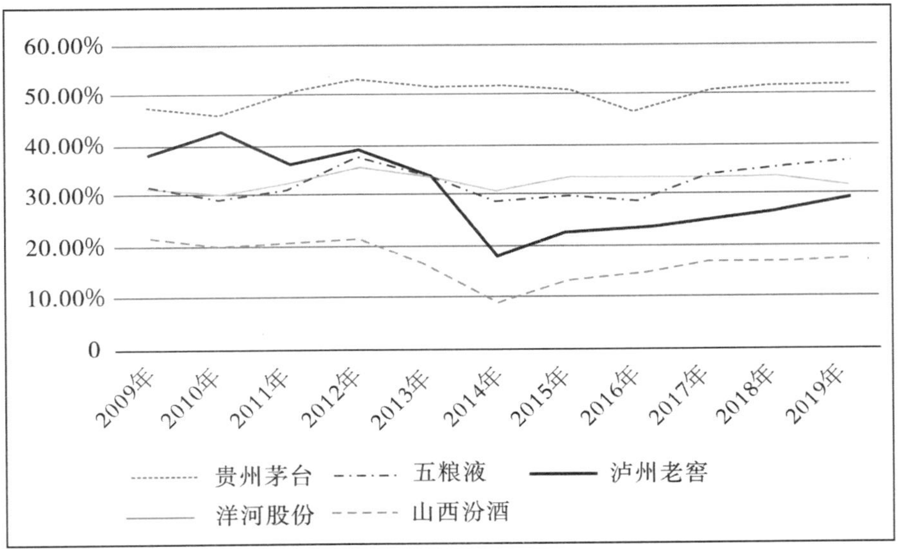

图7　前五大白酒上市公司净利率对比（2009—2019年）

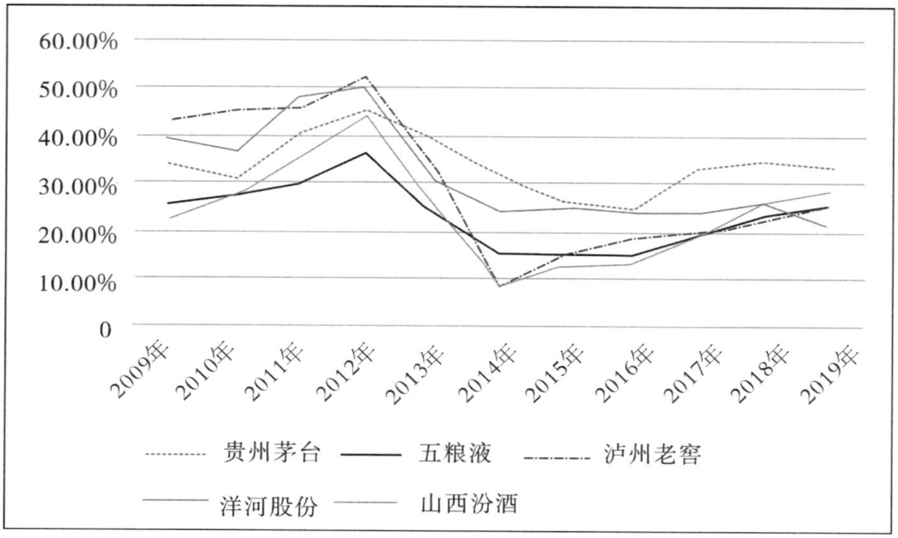

图8　前五大白酒公司ROE对比情况（2009—2019年）

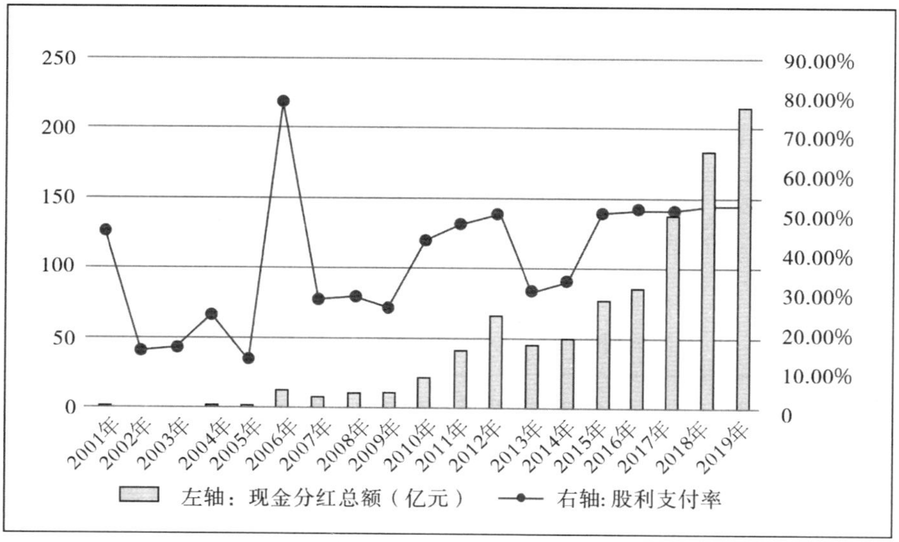

图9　贵州茅台上市以来分红情况

较高的渠道利润率使得经销商与公司能做到互利共赢，对经营业绩的控制能力较强，经销商的渠道打款意愿强、推力强，这也是公司能够长期保持稳健发展的重要原因之一。数据显示，2001—2018年茅台酒的渠道利润率基本都在50%—200%之间，远超其他高端浓香型白酒的渠道利润率，即使在行业低迷期渠道价格也没有发生严重的倒挂，经销商的有利可图助力公司营收保持平稳增长（见表9）。

表9　贵州茅台出厂价及渠道利润率变化

提价时间	53度茅台出厂价（元／500ml）	提价幅度	提价时间间隔	渠道利润率	白酒行业情况
2001年08月10日	218	—	—	19%	行业增速放缓
2003年10月01日	268	23%	约2年2个月	7%	经济增速加快，行业回暖
2006年02月10日	308	15%	约2年5个月	30%	经济增速加快，行业增速达34%
2007年04月01日	358	16%	约1年2个月	40%	经济增速加快，行业增速放缓
2008年01月11日	438	22%	约10个月	48%	行业增速回升至30%
2010年01月01日	499	14%	约2年	70%	经济复苏，行业增速保持30%
2011年01月01日	619	24%	1年	158%	行业增速达到历史最高点55%
2012年09月01日	819	32%	1年8个月	181%	经济增速放缓，行业增速降至19%
2017年12月28日	969	18%	约5年4个月	65%	经济企稳，行业高速增长

（二）爱美客

爱美客是我国生物医用软组织修复材料领域的创新型领先企业，公司成功实现透明质酸钠填充剂系列产品及面部埋植线等6款产品的产业化，并建立了医用几丁糖、聚乳酸等生物医用材料的产品技术转化平台，是获国家药监局批准用于面部软组织修复的注射用透明质酸钠医疗器械产品注册证书的国内第一家企业，填补了医疗美容领域国产品牌的空白。公司国内HA（透明质酸）市场占有率在国产品牌企业中位列第一。由于市场需求强劲，爱美客凭借高效的营销服务水平、精准的产品定位和较强的研发创新能力，取得了良好的经营业绩。

1.创新构筑的业务护城河

公司成立以来，以技术创新为先导，基于产学研医一体化的研发模式，通过建设生物可降解新材料北京市工程实验室，搭建了生物医用材料产品转化平台，掌握了多个核心技术。公司通过自主研发，相继推出了针对面部、颈部褶皱皮肤修复的产品，具有明显的先发优势。公司成功转化了6款生物医用软组织修复材料，形成了较为完整的产品体系，确立了在行业内的产品优势。

生物医用材料行业技术、资质和资金壁垒较高，新进入者难以在短期内形成规模效应，行业竞争主要集中在少数具备技术优势且已经形成规模的企业之间展开，市场集中度较高。

（1）技术壁垒。

生物医用材料特别是软组织修复材料的研发具有技术难度大、研发周期长、工艺路线复杂、对环境要求严格的特点，对研发人员的技术储备、经验积累等综合素质有很高的要求。同时，行业内企业基于软组织修复材料的研发生产等关键技术和工艺已形成了专利保护，具有较高的技术壁垒。公司已获得国内6张Ⅲ类医疗器械注册证并具备在研项目10余款，形成显著先发优势。预期未来3年将逐步搭建起包含玻尿酸、肉毒毒素、童颜针、线材等项目的产品组合，成为中国境内产品丰富度最高的医疗美容产品供应商。

（2）资质壁垒。

生物医用材料形成的医疗器械产品实行准入政策，产品及生产企业均须符合药品监督管理部门的监管要求才能生产、经营。生物医用材料领域制造企业从产品开发到上市，需要经过若干环节的严格审核，相关产品注册证和生产企业许可证审批时间长、获取难度大，对于新进入企业具有较高的难度。

（3）资金壁垒。

生物医用材料相关产品的研发需要经过实验室研究、动物实验、注册检验、临床试验和注册申报等环节才能实现规模化生产，且生物医用材料作为Ⅲ类医疗器械，风险程度高，注册申报的审批程序严格。对于生产企业，产品从研发到获批生产，再到投入市场需要较长的时间，设备、人员和市场营销等前期成本投入较大。另一方面，为了保持技术优势和市场竞争力，企业还必须在新产品研发、工艺改进、市场开拓等方面持续投入。这些对企业的资金实力提出了较高的要求，形成了资金壁垒。

软组织修复材料作为生物医用材料的细分领域，对于行业新进者，同样存在技术壁垒、资质壁垒、资金壁垒。截至报告期末，仅有另外16家生产企业取得了同类产品的国内医疗器械注册证书。

2.良好的经营业绩

2014—2020年，公司营收从0.75亿元上升至7.09亿元，公司净利润从0.28亿元上升至4.40亿元。近年来，公司营收同比增速呈现波动上升趋势，2020年营收增速有所减缓，但仍实现同比增长27.18%，实现营收7.09亿元。2020年公司的扣非净利润为4.24亿元，同比增长42.95%，经营活动产生的现金流量净额为4.26亿元，同比增长37.44%，高于扣非净利润金额。整体来看，公司经营能力稳定，抗风险能力较强。

公司毛利率呈现高位上扬走势。可以将另外3家公司含有医疗美容业务的业务板块的毛利率与爱美客的毛利率做比较。2019年，华熙生物的医疗终端产品收入占其主营业务收入的比重为25.94%，业务毛利率为86.67%；昊海生科的整形美容与创面护理业务占其营收的比重为18.75%，业务毛利为90.38%；华东医药的国际医疗美容业务收入占营收的比重仅为1.44%，业务毛利率为72.41%。爱美客公司毛利率基本维持在90%以上，2020年高达92.17%，主要由于产品迭代下高端产品销售比重上涨。2019—2020年，爱美客的销售毛利率均超过92%。轻医疗美容终端产品生产商占据利润高地，以公司专治颈纹的玻尿酸产品嗨体为例，2019年平均出厂价约为352.16元，毛利率高达92.99%。新氧平台上1.5ml嗨体的零售价在780—2680元之间，是出厂价的2.2—7.6倍。除去平台利润抽成，价差区间较大的主要原因是医疗美容机构资质不尽相同、获客能力差异较大、整形外科医生资历参差不齐。虽然医疗美容产业链中游的整体利润空间庞大，但单个企业利润率不及上游企业。

2020年，公司销售净利率提高到61.10%，同比提高7.67个百分点。公司近年来净利率呈现上升趋势，主要原因是公司整体毛利率水平稳定，而产品从推广期逐步迈向成熟期，销售费用率和管理费用率下降，同时财务费用率控制有效。

表10是2019年医疗美容行业主要上市公司各产品的营收占比及毛利率情况。

表10　2019年医疗美容行业主要上市公司各产品的营收占比及毛利率情况

主营产品/业务	主营业务收入（亿元）	占比	毛利率
爱美客			
溶液类注射产品	4.47	63.07%	92.85%
凝胶类注射产品	2.52	35.55%	92.27%
面部埋植线	0.02	0.26%	73.12%
化妆品	0.08	1.11%	55.24%
华熙生物			
原料产品	7.61	40.37%	76.12%
医疗终端产品	4.89	25.94%	86.67%
功能性护肤品	6.34	33.66%	78.54%
其他主营	0.0045	0.02%	36.17%
吴海生科			
眼科产品	7.13	44.49%	68.44%
整形美容与创面护理产品	3.00	18.75%	90.38%
骨科产品	3.59	22.43%	85.50%

一方面，公司资产负债率从2017年开始呈下降趋势，2019年达到10.88%，反映公司偿债能力强，经营较为稳健。2020年公司在创业板成功上

市，获得大量自由现金流，资产负债率降至2.19%。另一方面，公司产品整体销售情况良好，产品主要为技术壁垒较高的Ⅲ类医疗器械，因此公司对其客户有较强的议价能力，客户回款及时。公司经营性现金流逐年增加，数额与净利润相当，展现出公司较强的经营能力和扩张能力。

（三）凯莱英

成立于1998年的凯莱英，2016年在中小板上市，从事医药合同定制研发生产服务（CDMO），为国内外创新药研发企业提供工艺研发和药物生产服务。通过“国际市场+本土资源”的发展战略，创立初期便从高起点切入国际CDMO市场，依靠多年积累形成的技术优势和平台优势，为国内外制药公司、生物技术公司客户提供小分子药物研发和生产服务，广泛覆盖新药从临床早期阶段到商业化的CMC服务，包括高级中间体、原料药、制剂等研发和cGMP标准规模化生产。公司主要产品逐渐聚焦监管严格、高附加值、高量级领域，形成较强的客户黏性和业务壁垒，主要生产的药物涉及病毒、感染、肿瘤、心血管、神经系统、糖尿病等多个重大疾病治疗领域，累计服务年销售或预测销售峰值超过10亿美元的突破性重磅新药13个。凯莱英具备非常明显的竞争优势和龙头地位，有望在CDMO行业快速扩容的进程中持续发展壮大，成为全球领先的龙头企业。

凯莱英的优势具体体现在技术水平、客户结构、人才储备和基础能力四个方面。

（1）技术水平方面，掌握全球领先技术，先进工艺技术构筑了强大护城河，构筑了行业壁垒。

公司研究院架构完整，具备多种技术平台。凯莱英制药科学技术研究院由连续性反应技术、酶技术、生物药技术、大分子药制药技术、小分子药制药技术五大重要部门组成，前3个部门主攻平台新技术的研究，后2个部门聚焦创新制药工艺的开发和应用。公司一直以技术领先作为立身之本，致力于抢占国际制药技术制高点，持续进行技术创新和自主核心技术研发，为核心业务的发展赋能，储备了多项核心技术。公司持续保证高的研发投入，研发费用率持续提升，2019年研发费用1.93亿元，研发费用率达7.83%（见图10）。

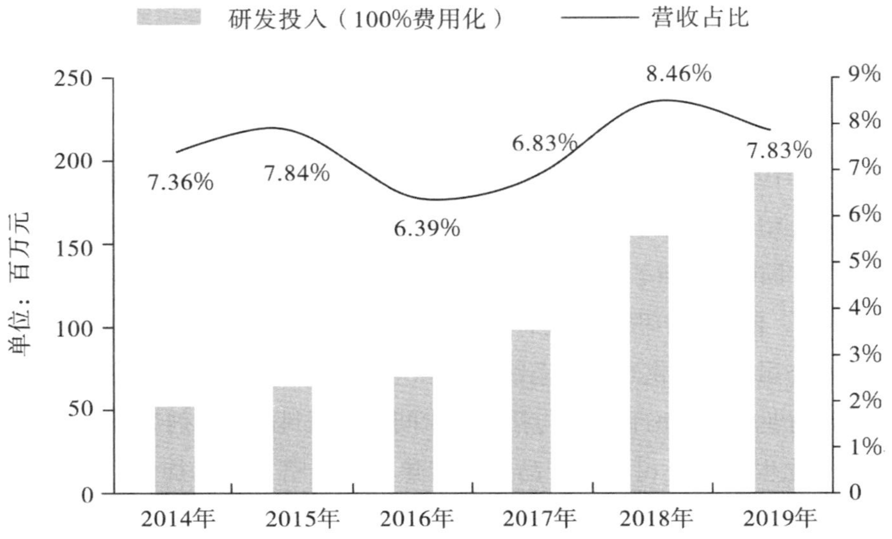

图10　凯莱英研发费用情况

通过多年研发投入与技术创新，公司逐渐积累多项核心技术，包括连续性反应技术、生物转化技术、高温及高压反应、有机金属反应、过渡金属催化反应、晶型筛选、不对称合成、偶联反应、低温反应等，彰显公司深厚的技术底蕴。尤其是被视为药物制造行业最尖端的连续性反应技术与生物转化技术，铸就公司全球范围的竞争优势（见图11）。

公司的连续性反应技术和生物转化技术达到全球领先水准。在连续性反应技术方面，公司通过多年的研发投入，使得该技术从一个全新概念发展成为制药业规模化生产中一个强有力的工具，成为目前全球极少数可将连续性反应技术成功运用于商业化生产的制药企业之一，相关技术已实现在第三代培南类抗生素、第二代艾滋病类药物、抗癌药物等多个创新药品种关键中间体及原料药商业化生产中的应用。连续性反应技术有着独特的反应机制，具

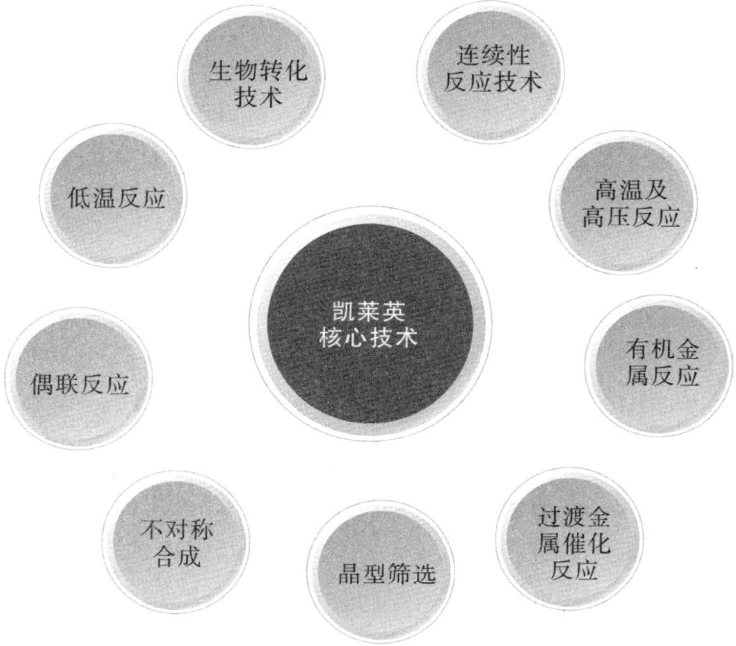

图11 凯莱英核心技术

有生产工艺安全性高、自动化程度高、能大幅度提高产品收率、减少三废排放和能耗、降低药物生产成本、设备占地面积小的优势。目前已应用于中试、商业化生产的连续性反应技术包括连续臭氧氧化、连续重氮甲烷反应、连续催化氢化、连续性硝化反应、连续低温反应、连续高温（气相）反应、连续萃取、连续膜过滤等。在生物转化技术方面，公司的生物转化技术以工程酶作为载体，而工程酶是国际公认的绿色催化剂，可以替代部分金属催化剂。该技术不仅有效降低原料药的生产成本，而且以生物酶催化剂替代部分传统合成材料的方式也从源头上减少了三废排放和能耗，是国际上较为前沿的绿色制药技术之一。公司通过建立工程酶实验室，创新性地解决酶的筛选、生产和使用脱节问题。公司目前已开发超过250个具有自主知识产权的生物催化剂并逐步建立酶库，已申请多项发明专利，同时公司利用生物工程技术进行人工修饰以获得活性更高、稳定性更强和生命周期更长的酶。公司目前已经将生物转化技术生产的具有自主知识产权的高活性工程酶广泛运用于各种重磅药物的生产中，获得例如他汀类药物、格列汀类药物等商业化项目订单。

绿色化学制药技术硕果累累，公司拥有大量自主知识产权的绿色化学制药技术，研究成果获国际认可，截至2019年已申请专利245项，其中中国授权92项，国外授权22项。目前公司已成为少数可以将绿色制药技术运用于医药商业化生产及中试生产的企业。

（2）客户结构方面，全球制药巨头接受其持续的服务，展现了实力与地位。

公司作为CDMO业务核心领域的早期进入者之一，凭借优质的服务和过硬的技术形成了较高的技术壁垒和较强的客户黏性，累计服务年销售或预测销售峰值超过10亿美元的突破性重磅新药13个，涉及病毒、感染、肿瘤、心血管、神经系统、糖尿病等多个领域。公司客户包括默沙东、辉瑞、百时美施贵宝、艾伯维、礼来等世界大中型制药公司，全球排名前15位的跨国制药企业中的11家企业成为公司的客户，且公司与其中2家客户形成了长期战略合作伙伴关系、成为其中5家客户的首选供应商。国内的贝达药业、和记黄埔、再鼎医药、复星医药、迪哲医药等知名创新药公司也是凯莱英的客户。经过多年的合作，公司已与多家国际制药巨头和生物科技公司形成了深度嵌入式合作关系。近年来，公司临床阶段和商业化阶段项目数量不断增加。

从公司客户结构上看，来自大型制药公司的营业收入稳定增长。根据2019年年报，公司来自大型制药厂的服务收入从2017年的11.54亿元增长至2019年的17.03亿元，CAGR（复合年均增长率）为21.51%；其中2019年公司该收入同比增长29.69%，占公司总收入的比重为69.25%。2019年，公司服务的创新药项目数量在美国五大制药公司的中后期临床研发管线的比例约为25%，公司与欧美制药巨头的合作黏性在持续增强。大型制药厂在选择供应商方面非常苛刻，只有具备良好的研发技术能力和质量管控体系的公司才可能成为其持续稳定的供应商。面对全球最高标准要求，凯莱英必须不断提升自身能力水平，持续引领行业。近年来，公司持续开拓中小创新药公司客户，来自中小型制药公司、生物技术公司的订单收入由2017年的2.69亿元迅速增长至2019年的7.56亿元，复合年均增长率高达67.64%，占营业收入的比重由2017年的18.92%提升至2019年的30.75%。图12是凯莱英前五名客户合计销售情况。

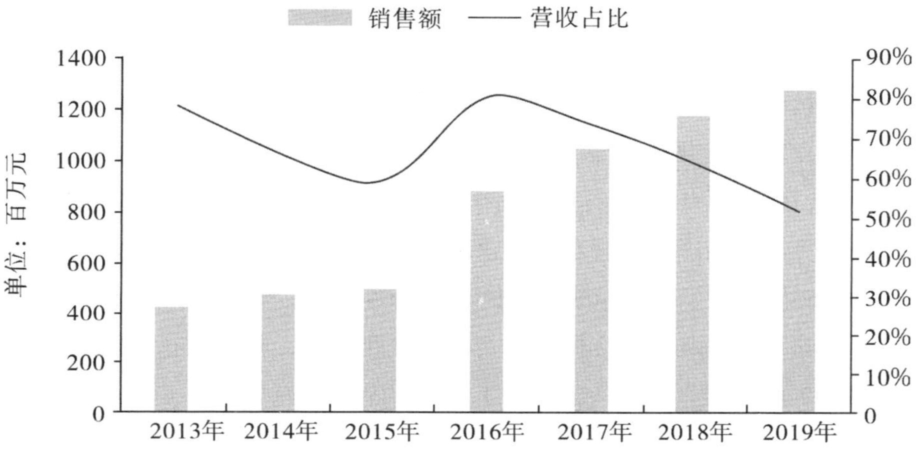

图12　凯莱英前五名客户合计销售情况

（3）人才储备方面，不断引进高端人才，完善激励机制。

公司很重视人才团队建设，持续引进海内外优秀高端人才，聘请诺贝尔化学奖得主、研究所教授、跨国药企高管等组成顾问团队，形成了完善的人才梯队，确保公司具备持续的科技创新能力。截至2020年12月31日，公司拥有员工5477人，其中：海外跨国公司经验人员121人；研发及分析人员2607人，占比47.60%。2020年，公司共引进高级人才共计88人，其中博士生人才59人，高级主管以上人才10人，海归及外籍人才46人。在公司与客户20余年的合作中，形成了一支专业知识深厚、行业经验丰富、结构稳定的核心技术团队和管理团队。在此基础上，通过持续的激励保障管理团队与核心技术团队的稳定，助力公司长期发展。公司自2016年实施股权激励计划之后，2018年、2019年又分别推出新的股权激励计划，2020年再次推出新的限制性股票激励计划，对公司相关人员给予一定的股权激励，促进员工与公司共同成长。持续的股权激励计划使核心员工与公司未来发展紧密绑定，有利于管理团队和核心技术团队的长期稳定。

（4）基础能力方面，质量体系接轨国际，内部供应链完整，构造品牌壁垒。

公司保持着优秀的EHS和QA合规记录，与旗下子公司一起多次通过FDA、TGA、MFDS的GMP现场审查，在质量体系上与国际接轨，增强了客户服务方面的竞争优势。质量体系是医药CMO/CDMO企业的生命线，是下游客户甄选外包服务商的第一道关口。接轨国际的质量体系能赢得客户信任，使公司与客户保持长期稳定合作。同时，公司完整的内部供应链体系在控制成本的同时，保障供货稳定，子公司间形成较强协同效应。内部供应链的完整性是跨国大型医药企业在选择商业化项目供应商时重要的参考标准。公司凭借技术优势，建立了原料—起始物料—cGMP中间体—原料药—制剂的完整供应链。公司可采购基础化学原料自行生产医药原料、原料药起始物料等前端化合物，掌控专属原料价格，控制生产成本。公司充分考虑了供货效率、供货能力和生产成本等影响因素，在多地布局形成良好的业务体系，充分发挥了天津地区技术水平高、物流便捷的优势和吉林、辽宁地区的化工基础好、生产成本低等比较优势，形成了协同效应，节约了生产成本，保障了供货能力，提高了公司市场竞争力。

（四）迈瑞医疗

深圳迈瑞生物医疗电子股份有限公司创立于1991年，于2018年10月在深圳证券交易所创业板挂牌上市。作为国内首屈一指的创新性医疗器械公司，迈瑞医疗的发展明显契合了技术创新的政策导向。公司主营业务覆盖生命信息与支持、体外诊断、医学影像三大领域，通过前沿技术创新，提供更完善的产品解决方案，帮助世界改善医疗条件、提高诊疗效率。

历经多年领域内深耕，公司已经成为中国最大、全球领先的医疗器械以及解决方案供应商。公司通过优质并购和差异化的市场策略，进一步扩大海外市场。公司产品及解决方案已应用于全球190多个国家和地区，在中国覆盖11万家医疗机构和99%以上的三甲医院。预计公司将继续保持目前的较高增速，进一步巩固目前的国产龙头地位并加速追赶国外先进品牌。公司在“2019全球医疗设备供应商排行榜”中居第42位，被波士顿咨询公司评选为“2018全球挑战者”。《经济学人》杂志评价迈瑞医疗是一个能“高效整合全球资源，提升创新效率”的企业。

公司全球员工近万人，其中研发人员超过25%，来自全球30多个国家及地区的外籍员工超过12%。公司研发人员的专业背景覆盖电子技术、计算机技术、传感器技术、信号处理技术、临床医学、精密机械等多种类学科。

公司2015—2019年营业收入由80.13亿元增长至165.56亿元，实现复合年均增长率19.89%，其中2017—2019年营业收入增长率均在20%以上。2015—2019年，公司归母净利润由9.10亿元增长至46.80亿元，净利润率稳定提高。2016—2019年公司毛利润率较为稳定，保持在66%左右。

公司主要三大业务包括生命信息与支持、体外诊断和医学影像业务，新兴业务布局包括微创外科产品与兽用产品，拥有国内同行业中最全的产品线，以安全、高效、易用的“一站式”整体解决方案满足临床需求（见图13）。

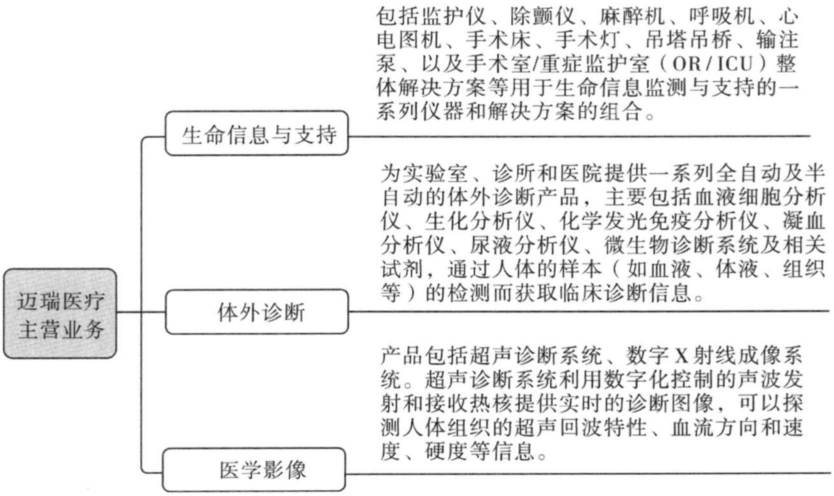

图13　迈瑞医疗主营业务

1.行业壁垒：极宽的护城河，行业集中度较高

虽然医疗器械行业毛利率高，但因为有极宽的护城河，所以医疗器械行业集中度较高，国际国内市场都被龙头企业垄断，后发企业难以进入行业。

（1）行业准入壁垒。

医疗器械行业相较于普通电子产品制造业对于安全性的要求更高，医疗器械厂家需要GMP厂房认证，接受CFDA全程监管，器械上市前需要经过二类或三类的注册并通过临床试验。图14是全球医疗器械行业的集中度。

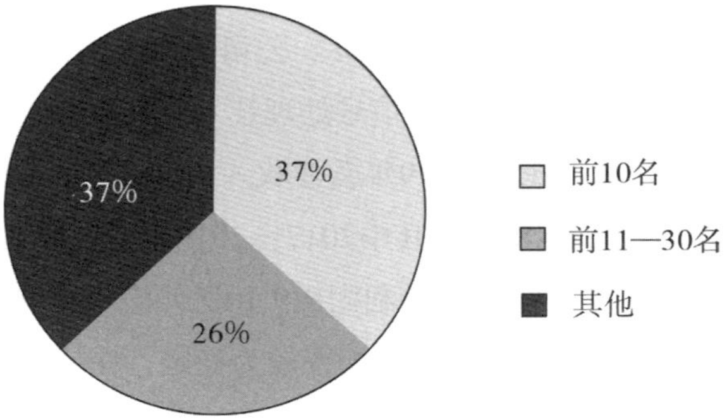

图14　全球医疗器械行业集中度

（2）技术与人才壁垒。

医疗器械行业对人才和技术水平要求很高，医疗器械行业涉及多个学科领域，除了临床医学外，还涉及生物学、材料学、电子、计算机等领域。企业的研发团队需要长期投入和经验积累才能达到一定水平，新进入者无法在短期内获得技术。

（3）品牌壁垒。

知名品牌的形成需要医疗器械公司与经销商和医院端长期合作及相互信任，并且产品具有质量、稳定性、设计水平等保证，需要产品在市场上长期沉淀。医疗器械的高端制造业属性使得行业对所在经济体的工业基础设施、配套基础设施要求很高，因此全球化医疗器械品牌大多分布在美国、欧洲、日本和中国，发展中国家很少有相关企业进入高端品牌行列，在全球医疗器械Top50中，中国的迈瑞医疗位列其中。医疗器械行业集中程度很高，龙头企业积累的品牌效应发挥作用，后进入的企业将很难在行业中占领更大的市场（见图15）。

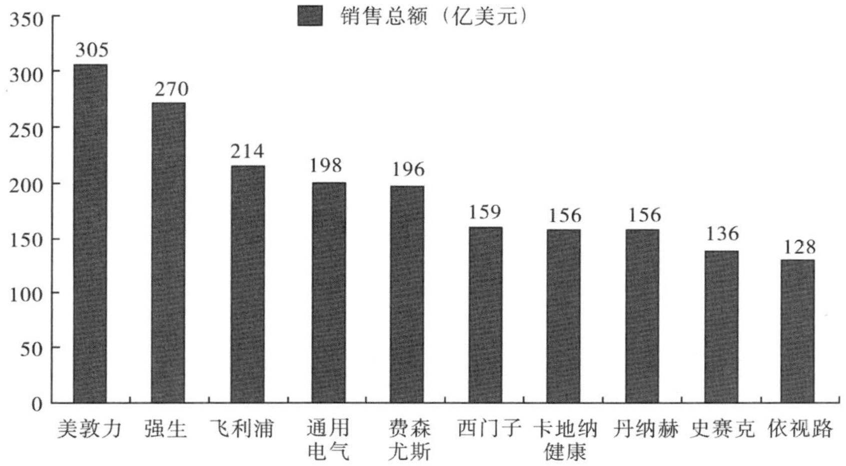

图15　2018年全球前十大医疗器械公司销售总额

（4）专利复杂性。

与药品不同的是，药品会面临专利悬崖的风险，专利到期后很容易被仿制药取代从而导致销量大幅度下跌。医疗器械产品涉及多个专利，并且专利期较长，仿制壁垒很高。经典产品即使被仿制其性能也很难做得一样好。根据EvaluatePharma数据，2017年全球药品专利到期给药企带来290亿美元的销售额损失，专利到期带来的损失对医药企业来说是致命打击。而医疗器械行业产品涉及的专利比较多，知识产权构成也具有一定的复杂性，以迈瑞医疗为例，超声类产品获得中国专利32项、美国专利7项，获得国家知名奖项的专利4项。医疗器械涉及知识产权的不仅包括硬件部分和操作系统，也包括软件的著作权，迈瑞超声类产品涉及的软件著作权共24项。由于医疗器械产品的知识产权涉及硬件、软件以及操作系统，具有一定的复杂性，并且相关的专利权和著作权的数量也多于创新药等产品，具有很高的仿制难度，避免了专利到期带来的对业绩的影响。

（5）资金壁垒。

医疗器械行业是一个战略性新兴产业，尤其大型医学影像诊断设备的产品性能和产品质量需要根据市场发展和客户需求不断升级和改进。科研开发、生产装备改造、自主品牌推广和营销网络建设等均需要较多资金投入。

如果不具备较雄厚的资金实力以保障技术不断地创新和升级，企业在激烈的市场竞争中将难以持续发展。在全球范围内，医疗器械行业属于集中度较高的行业，全球前十大医疗器械公司占据37%的市场份额，而排名30名之后的所有医疗器械公司，占比仅为37%。

图16、图17分别是2018年全球龙头医疗器械企业研发投入和2018年国内医疗器械公司研发投入。

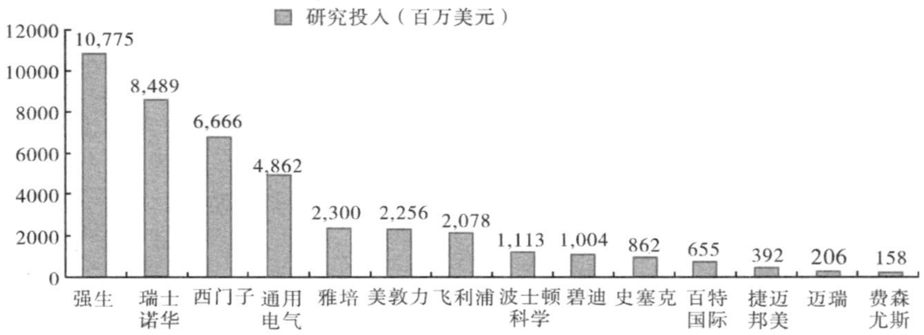

图16　全球龙头医疗器械企业研发投入

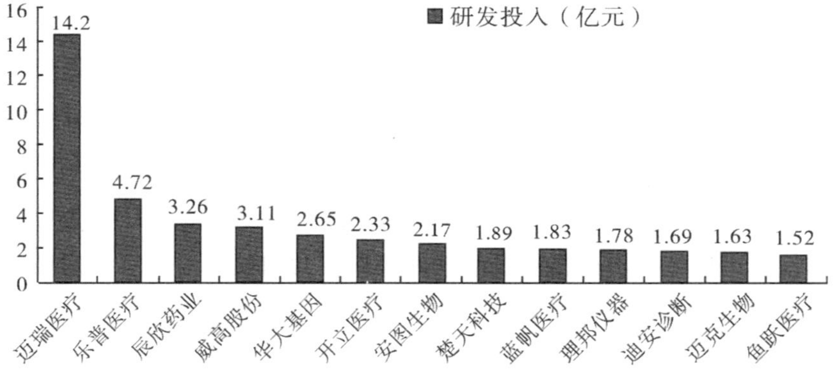

图17　2018年国内医疗器械公司研发投入

2.政策红利：分级诊疗基层放量+加速进口替代

（1）国家推行分级诊疗政策，基层市场需求迅速放量。

分级诊疗政策推动医疗资源下沉、促进基层医疗机构医疗设备更新升级，为医疗器械企业提供广阔的市场空间（见表11）。由于基层医疗机构财政支出能力有限，对价格敏感，国内医疗器械企业凭借自身性价比的优势有望迅速占领基层市场。

表11　我国部分诊疗政策

时间	政策	部门	内容要点
2015.09	《关于推进分级诊疗制度建设的指导意见》	国务院	以强基层为重点完善分级诊疗服务体系，建立健全分级诊疗保障机制，制定了分级诊疗试点工作考核标准
2015.11	《关于做好高血压、糖尿病分级诊疗试点工作的通知》	卫计委、中医药管理局	给出了高血压、糖尿病分级诊疗重点任务以及服务流程图、服务技术方案以及服务中医技术方案
2016.08	《关于推进分级诊疗试点工作的通知》	卫计委	北京市等四个直辖市，河北省石家庄市等266个地级市作为试点城市开展分级诊疗试点工作
2016.10	《“健康中国2030”规划纲要》	中共中央、国务院	全面建立完善成熟的分级诊疗制度，形成基层首诊、双向转诊、上下联动、急慢分治的合理就医秩序，健全治疗—康复—长期护理服务链
2017.08	《关于加快推进分级诊疗试点工作的通知》	卫计委、中医药管理局	河北秦皇岛等51个地级市被列为国家第二批分级诊疗试点城市，将全面推行医联体建设，基层偏远地区将开展远程医疗
2018.08	《深化医药卫生体制改革2018年下半年重点工作任务》	国务院办公厅	有序推动分级诊疗制度建设，建立健全现代医院管理制度，加快完善全民医保制度，大力推进药品供应保障制度建设，切实加强综合监管制度建设，建立优质高效的医疗卫生服务体系
2018.08	《关于进一步做好分级诊疗制度建设有关重点工作的通知》	卫建委、中医药管理局	网格化布局组建城市医疗集团和县域医共体，重点推进重大疾病和短缺医疗资源专科联盟建设，加快远程医疗协作网建设，促进优质医疗资源下沉，推动分级诊疗制度实现区域分开、城乡分开、上下分开以及急慢分开

（2）加速进行进口替代，国家对国产医疗器械进行扶持，鼓励国产器械

技术创新（见图18）。

2014年5月	启动第一批优秀国产医疗设备产品遴选工作
2014年8月	推进国产医疗设备发展应用会议召开，重点推动三甲医院应用国产医疗设备
2014年12月	首批优秀国产医疗设备产品目录公布，新一批设备遴选工作启动
2015年3月	《政府工作报告》提“中国制造2025”计划，推动制造业升级
2015年8月	国务院出台《关于改革药品医疗器械审评审批制度的意见》
2016年2月	第二批优秀国产医疗设备遴选结果公示
2016年2月	《医疗器械使用质量监督管理办法》开始实施
2016年4月	启动第三批优秀国产医疗设备遴选工作
2016年5月	国务院出台《国家创新驱动发展战略纲要》鼓励医疗装备创新
2016年6月	《医疗器械临床试验质量管理规范》开始实施
2017年2月	第三批优秀国产医疗设备遴选结果公示

图18　我国医疗器械相关政策

国家特设医疗器械快速审评通道，加速对符合要求的国产医疗器械产品的申报进行审批。2014年国家食品药品监督管理总局发布《创新医疗器械特别审批程序（试行）》办法，2018年修订发布了《创新医疗器械特别审查程序》。

在企业创新方面，新版《医疗器械监督管理条例》将医疗器械监管模式从原有的“先生产许可，后产品注册”改为“先产品注册，后生产许可”，这种监管模式的转变，进一步鼓励了企业的创新，有益于减少企业在产品注册前的投入。

在高端产品国产化方面，2014年12月、2016年2月、2017年2月分别完成了第1批、第2批、第3批优秀国产医疗设备的遴选。《关于开展<首台（套）重大技术装备保险补偿机制试点工作>的通知》加快破解制约国产医疗设备发展应用的障碍。《中华人民共和国政府采购法》的严格落实，规定了国产药品和医疗器械能够满足要求的，政府采购项目原则上需采购国产产品，提高公立医疗机构国产设备配置水平。医疗器械审批制度改革为国产创新医疗器械开辟了快速通道，下游医院对国产设备越来越有信心，高端医疗器械国产化驱动国产医疗器械迎来高速发展的黄金期。

3.研发的高投入，确保技术具备领先优势

迈瑞医疗自创立以来，在研发方面一直保持高投入，2016—2019年研发费用占期间总营业收入约10.1%。如此高比例的研发费用足以和与国际大型医疗器械巨头媲美。国际巨头方面除罗氏以近20%的研发费用占比遥遥领先之外，其他的国际巨头的研发费用比例均在5%至10%之间。迈瑞医疗的研发费用占比已经超过雅培和丹纳赫。2019年公司研发费用为14.6亿元，相比2018年增长15.6%。从2017年开始，公司的研发费用占营收比例由12%左右下降至2019年的10%附近，主要原因一方面在于公司销售收入的明显增长，另一方面是公司资本化研发支出占研发投入的比例有所提高。2019年公司资本化研发支出占研发投入比例由2018年的10.77%升高至11.15%。这一方面说明公司整体的研发总投入比例并没有明显减少，另一方面说明公司在研发方面达到资本化要求的项目比例越来越多（见图19、图20）。

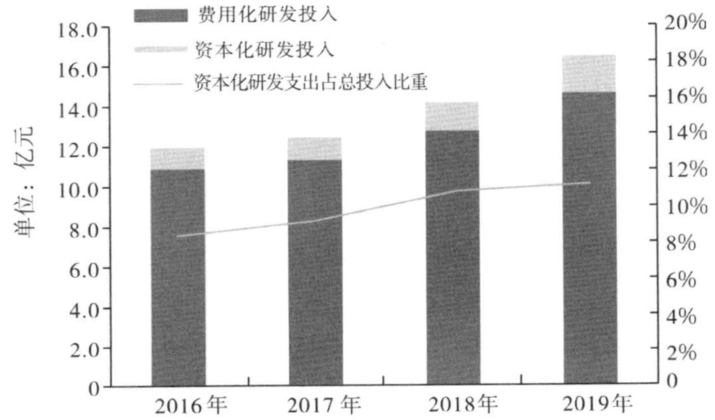

图19　迈瑞医疗历年研发费用

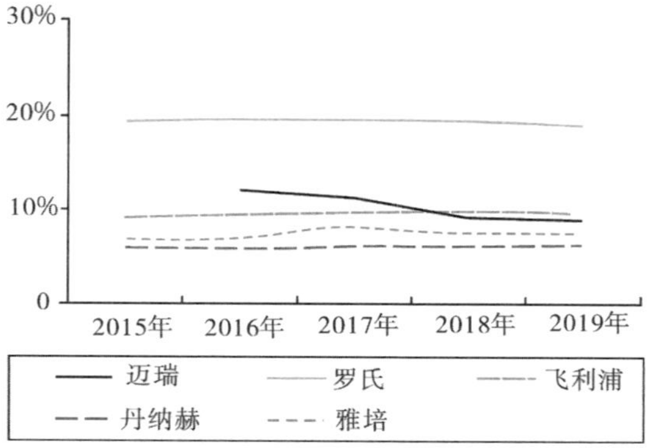

图20　迈瑞医疗与国际大型医疗器械公司研发费用率对比

第四章

价值投资的交易策略

一、贱取珠玉：价值投资的买点很重要

《史记·货殖列传》中有一句话："论其有馀不足，则知贵贱。贵上极则反贱，贱下极则反贵。贵出如粪土，贱取如珠玉，财币欲其行如流水。"这句话是记载范蠡的经商之道。研究市场上商品的供需情况，就可以知道物价涨跌的道理。物价贵到极点，就会返归于贱。物价贱到极点，就要返归于贵。当货物贵到极点时，要及时卖出，视同粪土；当货物贱到极点时，要及时购进，视同珠宝。资金的流通周转要如同流水那样不停流动。

《史记·货殖列传》中还有一段话："白圭，周人也。当魏文侯时，李克务尽地力，而白圭乐观时变，故人弃我取，人取我与。"意思是：白圭是西周人。当魏文侯在位时，李克正致力于开发土地资源，而白圭却喜欢观察市场行情和年景丰歉的变化，当货物过剩，人们低价抛售时，他就收购；当货物不足，人们高价索求时，他就出售。

《史记·货殖列传》是反映司马迁经济思想和物质财富观点的重要篇章，其中不少观点闪耀着智慧的光芒。"货殖"是指谋求"滋生资货财利"以致富，即利用货物的生产与交换进行商业活动，从中生财得利。

古人的经商谋略，如"人弃我取人取我与""贵出粪土贱取珠玉"等，在当今A股市场同样适用，对价值投资来说更是如此。海外的价值投资精英们也有过相似的表述："要做拍卖会上唯一的出价者"（邓普顿）、"Invert, always invert（倒过来想，一定要倒过来想）"（芒格）、"买别人不买的东西，在没人买的时候买”（卡尔伊坎）、“凡事总有盛极而衰的时候，大好之后便是大坏”（索罗斯）等。

便宜是硬道理。对价值投资来说，便宜意味着低估值。低估值是价值投资的核心逻辑和第一要义，低估值与贱取的取向在本质是一样的，那就是以便宜的价格买入值钱的东西。价值投资的低估值指的是，当股票价格与企业价值背离时，投资者以低于股票内在价值的价格买入股票，当股价上涨后以相当于或高于价值的价格卖出，获取超额利润，即巴菲特所说的“用40美分购买价值1美元的股票”。

当然，低估值不等同低股价，也不能完全与低市盈率、低市净率画等号。沃伦·巴菲特曾说过，价值投资中的“价值”并不是绝对的低市盈率，而是各项指标的综合。价值投资带给投资者超额收益的源泉在哪呢？用一个公式表示一目了然：投资收益率 =ROE ×（1—分红率）+1/PE × 分红率。ROE 重要，1/PE 也重要，所以说便宜、好货两个要素在公式中得到了体现。ROE（净资产收益率）是衡量公司是否优秀的非常重要的指标。假设分红率为 0，ROE 是有效增长的上限，超过 ROE 的增长往往意味着债权增加或者股权再融资。如果时间拉得足够长，投资者的回报率与 ROE 水平基本是一致的，这在美股的一些优秀公司中体现得比较充分。但A 股的投资者对业绩增长非常看重，业绩增长快而ROE 低的公司一般难以带给投资者长期满意的回报。

如何估值才能买到便宜的股票？估值的方法很多，不论是相对估值方法还是绝对估值方法，面对变化的主客观世界，都难以精准估值。每一种估值法都有其一定的应用范围,并不是适用于所有类型的上市公司，不同的行业适用不同的估值方法。估值的目的是为了比较，尤其是相似企业之间的比较。芒格先生说过，沃伦是用现金流折现估值的，但从没有看到他算过现金流折现。也可以说，现金流折现是一种思维方式，而不是一种具体方法。很多企业不容易估值，因为面对激烈的市场竞争他们缺乏长期的确定性。如果主营业务没有很深的护城河保护的话，未来是难以预知和准确判断的。估值不是决定股价最高点和最低点的因素，资金才是，但估值具有安全垫的作用，可以缓解投资者在股价大跌时的心理波动。

那么实际操作中如何才能买到低估值的股票呢？以下几种情况出现时，意味着买低估值、高ROE公司的股票机会出现：

（1）极端熊市带来的低估值机会，熊市后期的个股股价通常跌幅巨大，非常惨烈，这样的机会通常3—5年才会有一次。

（2）行业或公司的黑天鹅事件，如2012年反腐以及白酒塑化剂事件带来的贵州茅台的买入机会、2008年乳制品行业的三聚氰胺事件带来的伊利股份的投资机会。

（3）行业或公司遇到一时之困境带来的机会，如格力电器在2015年度营业收入净利润同比下降时出现的机会。

（4）市场长期的偏见带来的低估值机会，如中国中免在2019年前的表现。

（5）冷门行业和冷门公司出现基本面向上拐点之时的机会，这样的例子有很多。

以上这些情况出现时买入低估值股票，需要有一颗强大的心脏。伴随市场和个股价格的下跌，利空的消息越来越多，多数人会被击溃，斩仓出局或者不敢重仓买入，有的价值投资者则仍然期望估值再低一点最终错失良机，而恐惧和贪婪正是投资的大忌。

二、逆行而美：价值投资者战胜市场的法宝

曾获得诺贝尔文学奖的英国作家拉迪亚德·吉卜林在脍炙人口的《如果》这首诗里写道：

如果你能冷静，即便周围的所有人
都已丧失理智，并把责任推卸给你
……
如果你能自信，即便周围的所有人
都怀疑你，而你对此也不心存芥蒂
……

佳作《如果》完美地诠释了均衡与克制之间的关系，吉卜林认为这是美好、高尚的人生品质。这首诗对所有年龄的读者都大有裨益，对价值投资者同样适用。

如果每个投资决策都和市场大多数参与者的一致，最终将取得平庸的收益，投资者若能够逆向而为则可获得超额收益，这是逆向投资的核心逻辑。

逆向投资的前提是基于对宏观和中观变量的方向判断。对方向性的判断，只需感知季节而不是判断温度。价值投资或者说逆向投资，就像金庸笔下的玄铁重剑，只有功力达到一定境界的高手才能运用自如，否则不仅战胜

不了对手，还可能把自己砍伤。价值投资与逆向投资之间也不能完全画等号，但价值投资天然带着逆向投资的属性，不少投资大师对逆向投资做过论述。

（一）大师们如何看逆向投资

《安全边际》的作者、Baupost基金公司的总裁塞思·卡拉曼说："很多人都希望每一圈都领先，但最重要的是，冲过终点时，你还在赛道上。"他认为，价值投资从本质上看，就是逆向投资，反之亦然。

巴菲特是逆向投资的经典代表，他说的"在别人贪婪时恐惧，在别人恐惧时贪婪"是投资者皆知的金句。他还说过："当人们对一些大环境事件的忧虑升到最高点时，事实上也就是我们做成交易的时机。"在所罗门债券危机事件、运通卡发生危机以及次贷危机后的买入行为，都是他运用逆向投资策略的身体力行和成功实践。

罗杰斯认为：被人嘲笑是成功的关键。假如周遭的人都劝你不要做某件事，甚至嘲笑你根本不该去做，就可以把这件事当作可能成功的指标。与众人反向而行是很需要勇气的，靠自己研究，尽可能学习面对挑战的本事，自行判断信息的真伪并自己做决定。

英国著名的基金经理和投资人、有"欧洲的彼得·林奇"之称的波顿也说过，逆向投资最容易犯的一个错误就是买入过早，要有耐心，2008年就有许多人犯了这样的错误。一定要记得，当股票价值在不断下跌的时候，前景总是看起来越来越悲观，而媒体报道出来的经济新闻也总是越来越悲观，在最低的时候，前景看起来总是最糟糕的。而股票市场是一个非常好的体现经济周期的指针，在光明之前它总是最黑暗的。

戴维·德雷曼，美国知名价值型基金经理人，出版过《反向投资策略：市场胜利的心理学》和《反向投资策略：下一代，背离大众以跑赢大市》两本逆向投资著作的传奇逆向投资者，也曾这样说过："我的头号投资选择是股票。人们现在所畏缩不敢投资的领域，作为反向投资者，我是很喜欢对其进行投资的。”他认为，人性贪婪与恐惧的弱点在股市中表露无遗，投资者的情绪会导致股价大幅偏离其内在价值，而利用投资者的错误进行反向投资往往能获得相当丰厚的回报。他还说过：“不要期望你所采用的策略在市场上马上就能成功，给它一个合理起作用的时间。”他的意思是成功运用逆向投资方法的一个关键点就是要把眼光放在长期收益上，并保持足够的耐心。

（二）约翰·邓普顿的成功实践

“行情总在绝望中诞生，在半信半疑中成长，在憧憬中成熟，在希望中毁灭。”这句话大家都很熟悉，但不一定清楚这是约翰·邓普顿所说的。

约翰·邓普顿被美国《纽约时报》评选为“20世纪全球十大顶尖基金经理人”。《邓普顿教你逆向投资：牛市和熊市都稳赚的长赢投资法》成为逆向投资的经典书籍，他的投资业绩充分验证了自己的投资理念。约翰·邓普顿认为，普通投资者和伟大投资者之间的区别，不在于他是否是个天才的选股高手，而在于他是否买下其他人不要的股票。在70多年取得世人公认成绩的投资生涯中，邓普顿以购买低价股投资而著称，而他的成功法宝之一便是逆向投资。

约翰·邓普顿说：“当街头溅血时，就是买入的最佳时机。”这来自一个典故：约翰·邓普顿的父亲在家乡小镇的市政厅对面设立了一个小的律师事务所，当地的拍卖活动全在市政厅广场进行。在20世纪30年代大萧条时，不少人被迫无奈将资产拍卖。每次市政广场有拍卖活动时，他父亲都喜欢站在窗前，聚精会神地盯着拍卖活动，如果活动流拍，就会飞奔过去，把拍卖的标的买到手。他父亲的这一做法深深地影响了约翰·邓普顿的投资信仰，他因此坚信，“富有升值空间+无人竞拍”是投资制胜的法宝。

抄底20世纪50年代的日本。日本“二战”后在废墟中重建家园，日本国民强烈的爱国热情、民族自尊及勤奋自律让国家经济飞速发展，GDP的增速在10%以上。全球投资者都认为日本是只有制造低端产品能力的战败小岛国，没人看好日本股市。20世纪50年代的日本股市的市盈率普遍只有4倍，约翰·邓普顿在此时进入日本的股市，大量买入股票，就像一个拾荒者来到了遍地是黄金的垃圾场，这就是极度悲观环境提供的投资机会。随着日本经济在20世纪60年代的飞速发展，股价开始飙升，日经指数从1959年的80点涨到1989年的2881点。邓普顿在日本的投资的年化收益率为19%。

抄底美国20世纪80年代股灾。1970—1980年的10年里，美股持续下跌，对投资者来说这是噩梦般的10年。愤怒与悲观的情绪在20世纪70年代末期终于爆发，美国的股市弥漫着挥之不去的悲观之声，商业周刊1979年8月发表《股市已死，这是无可挽回的》的文章，投资者陷入极度的恐慌之中，纷纷从股市撤离，仿佛从灾难现场夺路而逃。此时道琼斯指数的平均市盈率跌到了6.8倍，而长期的市盈率是14.2倍，只有正常情况下的47.9%。邓普顿此时却认为这是他一生最重要的且唯一的一次投资机会，这是典型的极度悲观的股市带给他投资机遇。他说“未来的10年，道琼斯指数将从800点涨到3000点”，但他的说法被众多投资者鄙视、唾骂和讽刺。邓普顿我行我素，大举买入，结果邓普顿又获得了超额收益，事实再一次证明逆向投资才能获得超额回报。

在互联网泡沫破裂前撤离。2000年互联网泡沫破裂之前，全世界的投资者都被互联网彻底征服了，大家普遍认为互联网是一项划时代的、彻底改变人类世界的新科技，互联网产业将以百倍、千倍的速度增长。早期的互联网缺乏盈利的商业模式，但是狂热的投资者不管这些，亏损甚至没有产品的互联网公司都可以上市，只要带有.com概念的公司都会受到股民的疯狂追捧，股价很快就超过了那些经营了几十年的老牌企业。投资者在科技股上得到了几倍、几十倍的收益，有的人辞职，有的人卖房，把资金全部投入到股市里。生活充满喜气洋洋的氛围，财富从天而降，人人都成为股神，巴菲特不投资互联网被人们笑话。1999年12月，互联网泡沫破灭的前夜，华尔街日报发表了一个股民的文章，他是一个新股民，买互联网股票2年资产翻倍了，他想挑战巴菲特，一番炫耀之后他在文章的末尾写道“学学吧，沃伦·巴菲特”。从1995年到1999年，纳斯达克指数的市盈率达到了惊人的151.7倍，此时约翰邓普顿开始卖空股票，卖空那些股价发行后涨了3倍以上的科技股，他找到了84支这样的股票，每一次投入220万美元，总共投入了1.85亿美元作为赌注。2000年3月的第2个星期，科技股开始直线下跌，很多都下跌了95%以上。

邓普顿在20世纪80年代的股灾中精准抄底，参考了商业周刊发表的“股市已死”，而在做空互联网股票时，邓普顿运用的原理是一样的，此时是相反的“极度乐观点”。2000年3月10日，华尔街日报发表文章《保守的投资者们跃跃欲试，科技股并非昙花一现》。文章中谈到，一个原来死心塌地的保守投资者，在经过了一年多的抵抗之后突然开窍了，他卖出他原来的股票转身买入互联网科技股。对于价值投资者来说，这就是清晰的卖出信号，这意味着市场上最保守也是最后的买入力量加入了狂热的行列，就像湖水即将枯竭，接下来一定是无法阻止的暴跌。在这次互联网泡沫破灭阶段，邓普顿几个月就大赚了900万美元。

（三）标准答案死得快

我国台湾作者郝广才写过一篇名为《标准答案死得快》的文章，讲到“二战”时一位心理学家测试飞行员的故事，这个故事对于价值投资者来说也是很有启发的。

美国的军方在“二战”时曾经委托著名的心理学家桂尔福研发了一套心理测量题，军方原本希望通过这套测试题筛选到最出色的飞行员，可是没有想到，测试成绩很好的飞行员，他们在训练的时候表现也非常亮眼，但是一上战场，没多久就被击落，死亡率非常高。

面对这一窘境，桂尔福开始检讨，他发现那些功勋卓越、百战不死的飞行员有一个共同点，他们基本是从退役的“老鸟”中再次挑选出来的。他很不解，为什么自己设计的这一套专业精密的心理测量题，结果却输给了“老鸟”的直觉呢?原因何在？桂尔福一时找不到答案，于是他向一个“老鸟”请教，“老鸟”自己也说不清其中的奥妙，桂尔福让他作为考官进入选秀的现场。

第一个年轻人推门而入，“老鸟”请他坐下。桂尔福则在旁观察、记录。

“小伙子，如果德国人发现你的飞机，高射炮打上来，你怎么办?”“老鸟”问。

“把飞机飞到更高的高度。”

“你怎么知道的?”

“作战手册上写的，这是标准答案啊，对不?”

“正确，是标准答案。恭喜你，你可以走了。”

进来第二个“菜鸟”，刚一坐下，“老鸟”又问了同样的问题：

“小伙子，如果该死的德国人发现你的飞机，高射炮打上来，你怎么办?”

“呃，找片云堆。躲进去。”

“是吗?如果没有云呢?”

“向下俯冲，跟他们拼了!”

“你找死啊?”

“那摇摆机身呢?”

“是你开飞机还是我开？书，你都没看?”

……

“作战手册我有看，但太厚，有些记不清。长官，我爱开飞机，我要替美国开飞机。但读书对于我像读食谱。”

“什么意思?”

“我煎蛋、煎牛排都行，我还会帮我老妈烤苹果派。但要我像食谱那样讲出一、二、三，我就搞不懂了。”

“好，你可以下去了。”

等“菜鸟”走出门，“老鸟”转过身询问桂尔福：“教授，如果是你决定，你要挑哪一个?”

“嗯，我想听听你的意见。”

“老鸟”说：“我会把第一个刷掉，挑第二个。”

“为什么?”

“没错，第一个答的是标准答案，把飞机的高度拉高，让敌人的高射炮打不着你。但是，德国人是笨蛋吗?我们知道标准答案，他们不知道吗?所以德军一定故意在低的地方打一波，引诱你把飞机拉高，然后他真正的火网就在高处等着你。这样你不死，谁死?”

“噢，原来如此。”

“第二个家伙，虽然有点搞笑，但是，越是不按牌理出牌的小子，他的随机应变能力反而越好。碰到麻烦，他可以想出不同的方法来解决，方法越多，活命的机会就越大。像我这种真的打过很多仗没死的，心里最清楚，战场上发生的事，作战手册上都没有；只有一样跟书上写的相同。”

“哪一样?”

“葬礼。只有这个跟书上写的一字不差。作战都靠背书，那你只能战死，找不到答案!”

之后，桂尔福教授重新改造他的测试。新的测试就会问“如果你有一块砖头，请说出五十种不同的用途”这类激发创意的问题。这不但为美国选出真正优秀的飞行员，也因此创造了“创意测试”，成为现代创意活动之父。

标准答案不止一个！殊途可以同归！

《乌合之众》的作者勒庞认为，大规模的群体运动均类似于宗教运动。股市是典型的群体运动，虽然看不到聚集的彼此，但行情的剧烈变化总让人们想到有蝴蝶在远方扇动翅膀，市场大幅波动让理性迅速归零，导致行为失控。投资也是一种修行。逆向投资并非简单停留在别人都在买的时候我们考虑卖的问题，也不是别人都在卖的时候我们考虑买的问题。这是更深层次的哲学内容：反向思考事物背后的逻辑。普通的投资者都愿意与羊群为伍，因为羊群具有安全感，牛市能够享受羊群红利，彼此都能赚钱；熊市天天跌，大家都亏钱，彼此互相安慰。在A股投资者中，“羊群效应”更常见，他们喜欢跟风买入或卖出，而逆向投资是“反其道而行之”“人弃我取，人取我与”。

股票价格在受非理性情绪的影响而大幅下跌时，其内在价值却在提升。

由于市场先生短期经常性的错判和大众的从众心理的叠加，价值投资者的逆向投资往往容易成功。巴菲特说成功的秘诀在于“大多数人贪婪的时候恐惧，大多数人恐惧的时候贪婪”。这句话看起来通俗易懂，但是实践起来却不容易。重点是要思考为什么选择在这个时候贪婪。这句话很空，但具体细化之后就会明白这其实很深奥，普通投资者很难做到，只有对价值投资有深刻理解、在股市经历过大起大落的人才可能做到，所以亏钱的大多数都是普通投资者。如果你想做一只不同的羊，但只简单地遵从了这条投资哲理，克服人性的弱点，在别人恐惧的时候贪婪，在熊市盲目抄底，往往结果也不如人意。所以逆向投资是一种投资策略，它解决的是一个投资心理问题，并不能确保你盈利，要实现盈利需要掌握价值投资的其他精髓。

（四）A股中黑天鹅事件与逆向投资

欧洲人以前一直认为天鹅都是白色的，常用“黑天鹅”来指不可能存在的事物。直到1697年探险家在澳大利亚发现了黑天鹅，才颠覆了欧洲人的认知。黑天鹅事件指难以预测、不同寻常、会引起市场连锁负面反应的事件。

一旦股市出现黑天鹅事件，整个板块的股票会普跌，甚至一些和黑天鹅事件无关的个股也会受牵连。但是有些好公司的财务状况、竞争能力从长期看依然良好，市场的过度反应引起股价超跌，这种质地优良的白马股就产生了一个价值缺口，等到事件平息它们会迎来一个价值回归的过程。

回顾之前影响重大的黑天鹅事件，一般都会成为好公司股价腾飞的起点。三聚氰胺事件对应的奶制品企业、瘦肉精事件影响的肉制品企业、白酒塑化剂事件波及的白酒企业等，其中的龙头个股，比如伊利、双汇、贵州茅台、五粮液等，当时被投资者无情抛售，但一段时间后，均创出历史新高，贵州茅台的股价如今超过了2000元。正是那些黑天鹅事件，给聪明的投资者提供了买入好公司股票的机会，造就了成功的投资案例。

2008年中国奶制品三聚氰胺事件是中国的一起食品安全事故。伊利股份的股价从16元下跌至6.45元，然而当三聚氰胺事件热度过去后，该股股价开始攀升，迎来了价值回归的过程，之后甚至一路高涨，股价远超三聚氰胺事件之前的股价。

如果一个优质的公司被一次黑天鹅事件击中，只要没有致命，最终都能恢复元气，那就是一次重大的投资机会。

2011年3月15日，中央电视台新闻频道在其播出的《315特别行动——“健美猪”真相》节目中，指出被喂有瘦肉精的生猪涉嫌流入双汇集团旗下济源双汇食品有限公司。受到事件影响，双汇的股价从87.17元跌至55.60元，但就是在当天，买入该股的前5名席位全部来自机构，该股在2011年12月初涨至80元左右。

2012年底爆出“白酒塑化剂事件”：酒鬼酒的品牌位居国内高端白酒行列， 2012年11月19日被上海天祥质量技术服务有限公司查出塑化剂超标2.6倍。酒鬼酒公司的危机公关工作滞后，没有在第一时间化解此事，反而针对此事提出检测机构不够独立、不够权威，甚至怀疑被检测的是否是真的酒鬼酒。塑化剂风波发酵之后，不但酒鬼酒股价连续跌停，其他白酒股也遭到拖累，整个白酒板块个股在相当长一段时间内表现低迷。然而，塑化剂事件带给白酒业的影响只是相对短期且有限的，雪上加霜的是，深度反腐、限制三公消费和“禁酒令”使整个白酒行业进入了深度调整期。中国白酒业历经10年黄金增长期之后，2013年开始 “断崖式”下滑，白酒股股价更是大幅下跌，有的直接腰斩。由于我国的酒文化历史悠久，白酒的民间需求依然很大，上市的白酒企业大多根基深厚，现金流良好，经营稳定，拉长周期看塑化剂事件与反腐有利于加速白酒行业整合，有利于头部企业在激烈的竞争中提高市场份额。白酒行业集中度与食品饮料其他子行业相比还很低，整体空间还很大。据统计，白酒行业前3位的产量集中度仅为3%，这种情况与头部企业的产能有限有关，也与白酒行业地方势力争雄有关。

通常引发黑天鹅事件的是个别公司而非整个产业，只要行业具有成长性，对于其他的公司来说可能是个机会，市场有可能借机淘汰某些个体而让其他个体获得更大的发展空间。黑天鹅事件集中性地暴露行业问题，对行业的健康发展有益，使行业格局改变。股票反映的是对于未来收益的预期，对一个长期增长型企业来说，偶尔一年不分红，长期看也不会影响其合理价值。不是所有的黑天鹅事件都一定是抄底良机，而是在一个成长性的行业中，具有龙头地位的公司往往能够在黑天鹅事件中获益，在短期股价暴跌时，往往会出现很好的买入机会。

三、长期持有还是波段拥有

（一）梓庆削木为镰的故事

《庄子·达生》中讲了梓庆削木为鐻的故事。

梓庆削木为镰，镰成，见者惊犹鬼神。鲁侯见而问焉，曰："子何术以为焉？"

对曰："臣工人，何术之有？虽然，有一焉。臣将为镰，未尝敢以耗气也，必齐（zhāi，通"斋"）以静心。齐三日，而不敢怀庆赏爵禄；齐五日，不敢怀非誉巧拙；齐七日，辄然忘吾有四肢形体也。当是时也，无公朝，其巧专而外骨消。然后入山林，观天性，形躯至矣，然后成见镰，然后加手焉；不然则已，则以天合天，器之所以疑神者，其是与！"

梓庆是鲁国的一位木匠，镰（ jù ）是古代的一种乐器。话说梓庆用木头雕刻的镰，见过的人都觉得精巧到只有鬼神之工才能做得出。鲁王很惊叹，就召见梓庆问："这么精妙的东西先生能做出来，有什么奥妙？"

梓庆谦逊地说："我只是一个木匠，哪有什么奥妙呢？只不过在做工前，我不敢耗费精神，静养聚气，让心沉静。斋戒三天，我不再怀有庆贺、赏赐、获取爵位和俸禄的心思；斋戒五天，我不再心存非议、夸誉、技巧或笨拙的杂念；斋戒七天，我已不为外物所动，似乎忘掉了自己的四肢和形体。到这个时候，我的心里没有朝廷，心智专一，没有外在的骨肉形体。然后我便进入山林，观察各种木料，选择好质地、外形最与鐻相合的，此时鐻的形象已经呈现于我的眼前。然后我将全部心血凝聚于此，专心致志，精雕细刻，用自己的纯真本性融合木料的自然天性制作，器物精妙似鬼神之工，也许是因为这些吧。”

这只是一个匠人的小故事，他用忘我的境界做出鬼斧神工的鐻，说明修行修到无我之境是很重要的，价值投资也是一样。

在投资者眼里，股市交易有两种主要的策略。一种是价量交易，靠量化、模型、分析系统，本质上是一种对效率的追求；另一种是价值投资，主要靠对人性的洞察，反人性，实质上追求的是一种境界。前者向往功利，后者强调忘我。

（二）刘元生持有万科30多年的启示

有人把刘元生当成中国价值投资的鼻祖，因为他从1988年开始买入万科股票360万元后一直持有，穿越A股所有牛熊，1股都没减持。2015年半年报数据显示，刘元生持有万科A约1.34亿股，占总股本的1.21%，当时的账面市值约53亿元（还没有包括股票分红）。在这近30年里坚定持有1只股票，获得一千多倍的增长，他是集中持股与长期持有的典型代表，书写了中国股市的传奇，堪称是中国价值投资的鼻祖。他说：“这个情况可能在中国比较罕见，但在国外还是比较普遍的。如果你30年前买了美国的IBM、可口可乐、苹果的股票，那么长期以来，你的回报都会很好的。所以我一直鼓励年轻人，做投资要真正作为投资，不要投机，要看远一点。”

刘元生很早就认识王石。《提问万科》一书里说到，20世纪70年代，王石当初倒卖录像机时的货源就是刘元生提供的，1988年万科是国内最早一批进行股份制改造的企业，那个时候大家都不明白股份是什么东西，薄薄的一张纸——股权证卖1元钱，当时很少有人愿意掏钱。王石被逼无奈只能像推销白菜那样，到街头、杂货铺、菜市场等地方销售万科的股票。刘元生当然很清楚股票是什么，同时出于帮助王石的目的，他用360万元买了360万股万科股票，占了当时万科总股本的8.7%，后来一直是万科的第一大自然人股东。最近几年，刘元生仍然觉得万科的潜力还没有完全发挥。

回首与万科打交道的30多年的历程，刘元生认为，这几年万科依然保持了创业期的很多优点，但还需要重视人才问题："一个公司要成功，人是最主要的资本，怎么样把人，尤其是有能力的各层次人才留下来，这是万科现在一定要考虑的因素。我希望在这个问题上能有突破，那就能够战胜其他竞争者。"

作为超级牛散的刘元生并非时时关注股市行情，他把90%的精力放在音乐、艺术和慈善方面，他说："一个人不应该这样活，整天盯着股价，我觉得太不开心了。"

（三）彼得·林奇访谈对话的启示

1996年，彼得·林奇在接受美国电视媒体采访时谈到长期持股与波段操作的问题。他说："20世纪以来的95年里，我们一共经历了53次跌幅超过10%的下跌。市场可能在一年里上涨26%，然后出现10%的回调。也就是说，95年里出现53次下跌，平均每两年发生一次。在这53次下跌中，有15次下跌的跌幅高于25%。在95年里有15次熊市，即差不多每六年就会遭遇一次大跌。"

1900年1月1日至1995年1月1日，道琼斯工业指数在这近1个世纪跨度的走势显示，该指数在这期间大幅上涨了5733.62%。如果仔细观察每年的走势就会发现，这期间美国股市遭遇了好几次黑天鹅事件。1914年受"一战"影响，道琼斯工业指数下跌了30.65%；20世纪30年代的经济危机期间，道琼斯工业指数持续下跌，1929—1932年的4年间，分别下跌17.17%、33.77%、52.67%和23.07%，从1928年年底的300点跌到1932年底的59.93点。随后股市遭遇了"二战"、石油危机、多次局部战争等一系列黑天鹅事件。美国股市最终向世人证明，历史长河中的黑天鹅事件，只是历史大趋势中的小浪花而已。

在访谈中，彼得·林奇指出在1965年到1995年的30年间，假设你的运气足够好，每一年都可以准确判断当年指数的最低点，并在这个最低点投入1000美元，30年的年均复合收益率是11.7%。再假设这30年中你的运气非常差，连续30年每年都在当年的最高点买入1000美元，最终的年均复合收益率是10.6%。所以，两者收益率的差值，没有一般人所认为的那样悬殊。这说明，入市的时点并不是很重要，坚守优质股才是最重要的。

（四）杰里米·西格尔教授的长期投资观点为什么被质疑

杰里米·西格尔教授是美国宾夕法尼亚大学沃顿商学院教授，1994年他出版了《股市长线法宝》一书，他写道："认为股票价格趋高时不应该进入股市，其实对长期投资者来说，这种观点毫无根据。"具体地说，如果你在1970年以最高价格买进"漂亮50"，而不管巨额账面损失，守着这一系列投资组合，那么30年后，你的忠诚就得到回报了。到了那个时候，耐心的"漂亮50"的投资者们就赶上标准普尔指数了。西格尔教授的关于长期投资的观点在后来被长时间质疑。

20世纪90年代的美国，正处于热炒科技股的年代，投资者热捧微软这样的高速成长型公司，他们接受这类公司的高股价，市场关于"成长与价值"的争论持续了很长时间，这种将两者对立的观点至今也没有消失，只有沃伦·巴菲特在极力模糊两者的界限：没有成长的企业怎么会有价值，而有价值的企业又怎么不会成长？价值型投资者寻求的是以合理价格购买然后获取收益，而成长型投资者则为了远期高收益而支付价格，不管是哪种类型的投资者，他们都不承认自己购买的是高估的股票。有投资者认为高价、高速成长型股票会让人荣登富豪榜，但是有人对排名《福布斯》美国前400位富豪榜中的投资者进行统计并发现，他们几乎都是选择了价值型股票获得了10位数的资产，但都是价格低廉的成长股。因此，有人认为"漂亮50"应该被作为高价成长股危险性的研究案例，西格尔教授也被卷入了这场旷日持久的争论。西格尔的理论观点增强了高价成长股投资者的信心，他为高价成长股平了反。

《巴伦》杂志的记者们敏锐地看出西格尔教授论点存在的漏洞。这些记者质疑：哪种类型的投资者会这么执着，当自己的资产一开始就缩水了70%—80%，却心如止水，守着“漂亮50”度过7届总统选举？与抚养小孩到大学毕业相比，“漂亮50”实现盈利的时间要长，需要每年从盈利的股票里扣钱填补亏损股，以重新平衡投资组合。假设一个投资者一直持有那些最初购买的股票，“漂亮50”的年化收益率仅2%左右，远低于同期银行存款的利率。

戴维斯王朝的第三代传人克里斯·戴维斯也质问：“到目前为止，‘漂亮50’中有多少公司的收益达到了15%或者更高？大家都知道‘漂亮50’包括可口可乐、默克、IBM、迪士尼和其他一些著名的公司，所以大部分人认为有20到30家公司最少也有10到15家能达到这个收益标准，但实际仅3家（菲利普·莫里斯、麦当劳和默克）。这3家公司是个例外，反证了重要的一点——期望公司保持15%的长期增长速度是不现实的，大部分公司都做不到。那些预期会有高增长因而以高价购股的投资者实在是不断地自找麻烦。”

大名鼎鼎的杰瑞米·格兰桑也不认同西格尔教授的观点。对于成长型公司的股票，格兰桑有着惨痛的记忆，他的基金曾在1973—1974年的下跌中赔了50%，差一点就倒闭。格兰桑认为，对理性的思考者来说，杰里米·西格尔及其《股市长线法宝》的威胁则严重得多，西格尔的观点是股票的回报总是能打败债券，并且在扣除通货膨胀之后，每年能产生7%的回报率，西格尔的依据来自历史平均市盈率14倍。格兰桑指出，假设市盈率是20倍，股票真实收益率可能只有5%。格兰桑在2008年进一步指出，“重仓股票后实施买入持有战略对能长期运行的计算机是不错的战略，但它不合适性急的人类，鉴于我们人类总是在过度自信和卑微恐惧之间摇摆，这种策略是危险的和不可持续的”。他指出：如果有投资者在20世纪的两轮最大的牛市1929年8月、1965年12月的最高点买入股票，扣除通货膨胀后的年度总回报，经过19年的等待后，投资回报恰好是0。

2004年7月，西格尔在接受《理财周刊》的一次访谈时说："我认为的长期投资，是指那些为了退休后生活而进行投资的人，15年、20年、30年，甚至更长时期。从短期来看，股票市场是在波动；从长远来看，它是呈现上升趋势的。并且投资风险的大小取决于投资的持有期，如果只投资1年，股票的风险最高，几乎是债券的1倍。但是投资持有期越长，股票的风险就越小，如果投资20年，股票的风险就同债券相差无几了；投资30年，股票的风险只有债券的80%。"

西格尔认为，如果投资者能够识别市场的高峰期和低谷期，那么其收益会比购买并持有策略的收益更高。"但是不用说，几乎没有投资者能做到这一点。" 西格尔给出的理由是，当股价在上涨趋势中大家认为会继续上涨时，投资者很难在乐观氛围中卖掉股票；当市场处于低谷，悲观情绪蔓延整个股市，投资者对公司失去信心时，一般不会买入股票了。

在一次访谈中，西格尔说："买股票，不仅仅是买公司，更是以特定价格买一个公司。换言之，如果你买一个坏公司，如果其股价很低，可能就是一个好的投资；反之，如果以很高的价格买个好公司，也未必是个好的投资。所以，不仅要看公司的好坏，还要看价格的高低。太多的人投资时，只考虑公司的好坏，就因为这个，会带来很多麻烦，因为大家都在买，可能价格很高，跌下来就会损失很大。买股票，是买收益比较好的公司，而且是价格比较低的公司。一般来说，我不会去买市盈率超过25倍的股票，对业绩增长快的公司，市盈率有可能在25倍或30倍。总的来说，大多数股票的市盈率不能超过25倍。然后，要看公司是否有很好的回报，并且最好要有分红。"

可见，西格尔也并非赞成以高位价格购买股票，遗憾的是，他后来的这一观点没有加进修订版的《股票长线法宝》。

（五）波段操作的误解

耶鲁大学校友基金投资管理委员会主席的查尔斯·埃利斯在《赢得输家

的游戏》一书中提道："波段操作并不总能成功，市场往往在非常短的时间内完成变动，而投资者还没来得及从过去的共识中反应过来。一位经验丰富的专业投资经理坦诚地说：'我见过很多波段操作的有趣方法，在40年的投资生涯中，我尝试了其中的大多数方法。在我之前，都说这些方法非常奏效，但是我一次都没有成功，一次都没有。'标普500的平均收益率直观地表明：在过去75年内所有的市场回报，都是在最好的60个月里实现的，只占到为期800个月的7%。如果你错过了这美妙的60个月，你可能会错过整整几代人才能积累的几乎所有的投资收益。长期来看，投资者遭受损失的一种典型情况是，在市场形势非常糟糕的时候，恐慌地清仓出局，他们会正好错过股票出乎意料大涨的好日子。其中的教训不言而喻：闪电来袭的一刻，你一定要站在那里。所以，波段操作真是个危险的想法。不要尝试，永远不要！"

《安全边际》的作者赛思·卡拉曼是一位追求绝对收益的价值投资信仰者。他曾经说："那些能够预测股价走势的投资者应该在市场即将上涨的时候满仓，甚至加杠杆买入，在市场即将下跌时及时撤出。不幸的是，这些声称能够预测市场走向的投资者常常显得口气比力气大。迄今为止，能够预测市场短期价格涨跌的人我一个也没见过。我们自认为无法预测股票价格走势，我们接受劝告从事价值投资，这是一种在所有投资环境下都安全和成功的投资策略。"

查尔斯·埃利斯、赛思·卡拉曼的观点与巴菲特不谋而合，比如巴菲特曾说："股市短期是投票机，长期一定是称重机；如果你不能持有一个股票10年，就不要持有它10分钟；价格是你付出的，价值是你得到的。"

价值投资之所以强调长期持股主要基于以下原因，希望投资者以长期而非短期的眼光来看待和评估企业：一是时间是优秀企业的朋友，只有给予企业足够的时间，企业的价值才会随着时间的推移而显现，投资者才能充分享受企业成长的复利收益；二是证券市场往往在短期内是无效市场，市场先生的情绪善变，短期可能出现任意报价，使价值与价格背离较长时间，但是从长期来看企业的价值决定价格；三是短期频繁买卖会付出较高的交易成本，并且频繁的交易会使心态变得更糟。

价值投资虽然强调长期持有，但并不是说永远不卖。价值投资者也可以短期买卖，这是由于股票价值变化引起的交易行为，如价格相对于价值已经大幅高估、公司的基本面变坏、有更好的投资机会、经济危机的蔓延等。倡导价值投资、长期持股的巴菲特在特殊时期也采取过短期操作策略，比如他在2020年美国新冠肺炎大暴发期间清空了航空股、减持了银行股。2020年4月24日的报告显示，巴菲特在4月15日对美国合众银行进行了增持，增持后巴菲持有1.51亿股美国合众银行股票，较2019年12月底增加了1851万股。此番增持之后，巴菲特对美国合众银行的持股比例超过10%。这是巴菲特 60年投资生涯中为数不多的持有单一公司超10%股份的举动之一。美国证监会（SEC）的最新文件显示，巴菲特旗下的伯克希尔哈撒韦（BRK.A.US）在2020年5月11—12日共出售了497786 股美国合众银行（USB.US）的股票，平均出售价格为33.04美元。5月初在股东大会上，巴菲特承认在2020年4月清空了航空股，但是仍然表示看好银行股。

此外，股票的属性不同，持有的时间策略也有差异。对于周期性股票，做波段相对更合理，这些公司的业绩随着产品价格涨跌而产生变化，而产品价格受宏观经济和供求关系影响，因而业绩可能在产品供不应求的那几年非常好，但在产能出现过剩时亏损，这类周期性股票不能仅看市盈率，要从经济周期和行业周期进行分析，寻找拐点，在产品价格低廉、需求不振的周期中提前捕捉到经济复苏的拐点，进行埋伏；进入繁荣周期，产品需求大增，很多公司进入该行业，供给大增形成拐点，在业绩最好的阶段就撤离。这与传统的市盈率估值投资是相反的，是“逆向投资”，也是跨度较大的波段操作。

四、一个篮子还是多个篮子

集中持股还是分散投资?

这是每个投资者都面临的选择，其实这是伪命题。因为没有一个适合所有投资者的正确答案，不同的人、不同的投资理念、不同的市场环境、不同的投资策略等诸多因素会导致观点不一致。法无定法，契机者妙。

在这个问题上，始终存在两种对立的理论。分散投资理论认为：不要把鸡蛋放在同一个篮子里，而要分散投资，投资不同行业的股票，通过组合投资来减少或分散风险。赞成这种理论的投资者比较多，据此操作的人也很多，但能持续获取高额收益的人比较少。另一种理论是巴菲特倡导的集中持有优质个股理论，巴菲特借用了美国著名的喜剧作家马克·吐温的说法：要把所有的鸡蛋放在一个篮子里面，然后小心地看护好它。这种理论在股票投资中很少被认同，但巴菲特这类大师却凭此持续收获高收益。

集中持股还是分散投资，表面看是资金管理问题，本质上是风险管理问题。从风险管理的角度分析，比较容易明白你该选择集中持股，还是分散投资。原理在于，风险是投资者可以主动控制的，而收益是被动接收的。

（一）鸡蛋与篮子

以“投资组合理论”获得1981年诺贝尔经济学奖的詹姆士·托宾是美国

前总统约翰·肯尼迪的经济顾问、耶鲁大学经济学教授，他在接受媒体采访时用一句话概括自己的获奖理论：“不要把你所有的鸡蛋都放在一个篮子里，但也不要放在太多的篮子里”。

获得1990年诺贝尔经济学奖的哈里·马科维茨，给出了投资者建立最佳的资产投资组合的方法，能在给定预期收益的情况下实现风险最小化或在给定风险的情况下实现预期收益最大化。哈里·马科维茨也用通俗的语言概括自己的理论：如果你同时持有一家防晒霜生产商和一家雨伞制造商的股票，那么在任何天气情况下你的整体投资回报都会较为稳定。托宾和马科维茨的简洁投资策略是否和他们复杂的学术理论一样在证券市场有效？如果投资者把资金平均分散投资于多种不同资产——即“1/N”策略的结果是否完美？该策略还缺乏说服力：“1/N”策略带有随意性，忽略了单一资产的风险、收益历史数据以及不同资产间的历史相关系数等有用信息。马科维茨理论的耐人寻味之处在于：它很难应用于实践。研究投资组合理论的专家们发明了多种复杂方法，试图对马科维茨的理论进行改良，使其适应充满不确定性的真实世界，但是效果也不理想。

赞成分散投资的除了以上经济学家外，还有一些价值投资的大师，如本杰明·格雷厄姆、沃尔特·施洛斯、彼得·林奇。

本杰明·格雷厄姆选股标准是，当股价大幅低于净流动资产或净资产时，根据多元化的原则建立一个广泛的投资组合，其中包含上百只不同的股票和债券，这种分散的投资组合给他带来了15%—20%的年均复合收益率。

沃尔特·施洛斯是巴菲特的师兄，他喜欢关注股价一直创新低的“差股票”，热衷于多元化投资组合，单一股票在其持仓组合中不会超过1%，风格接近他的老师格雷厄姆。沃尔特·施洛斯在50余年的投资生涯中为股东赢得约20%的年复合回报率，与巴菲特不同，他几乎不去上市公司调研，选取的标的是低估值、质地不是很差的股票，然后阅读报表，仅此而已。有一次当巴菲特被问及“你和施洛斯有哪些共同点”的时候，他给出的答案是“大概是我们都不抽烟吧”。

彼得·林奇擅长投资规模小、成长快的10倍成长股，《彼得·林奇的成功投资》一书中写道："我最多的时候持有1400多只股票，因为我的基金规模太过庞大，并且法规使其在一只股票上不能超过基金总规模的5%的限制。"

（二）集中投资的必要性

集中投资的代表人物有：沃伦·巴菲特、查理·芒格、菲利普·费雪。

何谓集中投资？按照巴菲特的标准，买入10家以内的上市公司的股票属于集中投资，超出10家者列入分散。

《集中投资》一书的作者艾伦·波尼洛选取了卢·辛普森、约翰·梅纳德·凯恩斯、沃伦·巴菲特、查理·芒格、格伦·格林伯格等8位著名的投资家，介绍了他们集中投资的方法，并总结了他们的共同特性。他在序中指出了8位投资家共同的特征：在构造投资组合的时候，他们都遵循高专注度的原则，只在少数几只股票上进行投资，而不是建立广泛分散的投资组合。

艾伦·波尼洛认为，如果投资者想要寻求超越指数表现的投资回报，集中投资则有助于实现这个目标，尽管这种投资策略是一把双刃剑。与集中投资不同，投资的股票数目越多，分散投资的好处似乎也越多，投资组合的波动性也越小，但是在许多情况下，长期的投资回报也越低。请注意，这个"长期"被定义为至少20年。

巴菲特说："我们的投资仅集中在几家杰出的公司身上。我们是集中投资者。"他还有一个"少即是多"的理论，说的是"如果你对投资略知一二并能了解企业的经营状况，那么选5—10家价格合理且具长期竞争优势的公司。传统意义上的多元化投资（广义上的活跃有价证券投资）对你就毫无意义了"。

巴菲特以便宜的价格买入5—10家优质公司的股票，每一只股票都是尽自己所能购买较大的份额。在2004年伯克希尔·哈撒韦公司做出重大投资决策时也仅限于10家上市公司，重点持有股票的公司仅5家，可见巴菲特是言行一致的。

巴菲特的集中投资理念源于英国经济学家约翰·梅纳德·凯恩斯。凯恩斯在1934年8月15日的一封信中阐述了自己的投资哲学：“随着时间流逝，我越来越坚信，正确的投资之道是将大笔资金投入到你认为自己有所了解，并且对其管理信心十足的企业中。指望广泛投资那些你不甚了解，也没有理由抱有信心的企业，借此把控风险是一个错误……一个人的知识和经历无疑是有限的，而那种能让我在任何给定的时间下，都对之抱有十足信心的企业，很少能超过3家。”这是最早的集中投资的雏形。

对于散户为什么会喜欢分散投资，巴菲特认为这是由于散户对所投上市公司不了解，不了解才会希望通过多个篮子分散风险：“当投资者不了解特定公司的经济状况，仅凭自己的兴趣相信它会成为美国工业的常胜将军，这种投资者应该不仅拥有大量不同的股票，而且要投资于不同的行业。例如，通过固定投资指数基金，一无所知的投资者实际上能够胜过大多数投资专家。”对于此类投资者，巴菲特的建议是分散投资不如投资指数基金。

可见，巴菲特强调集中投资是基于对上市公司的深入了解，这就表明集中投资与能力圈相关。成为价值投资者需要不断地学习，历经千锤百炼，不是每个人都可以成为价值投资者。巴菲特说：“如果你是一名学识渊博的投资者，能够理解公司的经济状况，并能够发现5—10家具有重要长期竞争优势的价格合理的公司，那么传统的分散投资对你来说就毫无意义，它只会降低你的收益率并增加你的风险。”

（三）正确理解集中与分散

集中投资还是分散投资的争议之所以一直存在，是因为两者都有一定的适应性，如果脱离具体的环境和条件强调这个问题，就容易误导投资者。分散投资与集中投资两者可以有效结合。

长期持有源于我们对选择的公司长期价值增长的信心，价值决定价格，股票的价格最终要回归价值。投资者都曾经买过大牛股甚至涨幅10倍的股票，最后却没有赚到10倍的钱，如果只买了100倍股，只是微赚。当然A股中能让投资者长期持有的标的确实不多，只有极少的核心资产才值得这样做，绝大多数的公司尚不具备这样的条件。发掘杰出的公司，然后以合适的价格买入并长期持有它，这是价值投资者最有意义的工作。

巴菲特也分散投资，但只是在套利中采用，他说过："当然，某些投资策略——比如多年来我们在套利活动中就采用分散投资。因为在单个交易中存在巨大的风险，通过许多相互独立的交易就可降低总风险。"以相互无关的分散组合来规避套利风险。对于非套利的投资，巴菲特选择集中持股。普通的投资者要根据自身的情况灵活运用，尤其是根据风险承受能力，采取有限分散适当重仓的策略会更有效，对十分了解的核心资产可以择时重仓，对比较看好、但一时又看不准的成长型股票采取适当分散的策略。

巴菲特采取价值投资策略取得了成功，其模式并非适合每个人。由于伯克希尔·哈撒韦公司市值庞大，巴菲特在金融危机时能与美国政府议价，公司管理层的沟通能力、执行力极强，他有条件和能力去深入彻底了解一家公司。而他的师兄施洛斯的资金量相对较小，加上美国便宜股足够多，而市场对这些股票的热情明显不足，这就给他足够的空间去挖掘市场定价的失衡，这种失衡为施洛斯分散投资的成功提供了土壤。

任何一种方法都不是十全十美的，都有局限性，投资的最高境界是心中无定法、眼中只有适应法，无论哪种方法，只有适合自己的才是有用的。股市的专家离普通投资者太远，输家和赢家却很近，因此投资者适应市场的变化很重要。

艾伦·波尼洛指出，集中投资者采取的是一种罕见的"理性战胜传统"策略。这些优秀的投资者之所以敢于大胆实践并获得成功，性格是一大关键因素。对于性格这个问题，查理·芒格的看法是，"性格这种东西无法传授"。

艾伦·波尼洛希望投资者深刻理解凯利公式，并告诫投资者："少赌，只有在机会对你特别有利时才去赌，并且要赌得很大，长期持有，并控制风险。"

第五章

站在巨人的肩上前行

——借鉴投资大师的智慧

1929年10月，历经了多年牛市行情的美国股市戛然停住了上涨的脚步，随之而来的持续暴跌开启了历史上最著名的经济危机。从1929年10月19日开始，股指从最高点363点跌至1932年7月的最低点40.56点，最大跌幅超过90%，世界被带入长达10年的经济大萧条时期。在3年多的股灾期间，投资者损失惨重，大家“闻股色变”，心态长时间难以恢复。美国的一些有识之士开始思考深层次的问题，如股市的本质、投资模式、发展方向等，价值投资理念在此时开始萌芽，格雷厄姆和多德为滥觞者，菲利普·费雪、巴菲特等投资大师加以光大传承。20世纪30年代以后，价值投资理论的拥趸日益增多，价值投资模式也演变为主流的投资模式之一，在全球资本市场发挥着强大的影响力。

一、海外投资大师眼中的价值投资

证券市场发展迄今已有400多年的历史，早期的时候并没有什么投资理论，道氏理论的出现改变了这一状况。查尔斯·道创立了道琼斯指数，人们才有可能研究股票市场的整体运动，研究个股与市场的关联性问题以及股票市场与国民经济整体的关联性问题，可以说道琼斯指数体系的诞生为投资方法的理论研究创造了条件。查尔斯·道指出“了解价值就等于洞悉市场的变动”，强调股票价格的决定因素是企业价值，而盈利能力是衡量企业价值的主要指标。不过查尔斯·道在股票价值方面没有形成具体的、系统的理论，他的这一未竟之事由后辈完成，而且经历了一个漫长的过程。

价值投资作为一种明确的投资理论和投资策略始于美国20世纪30 年代，经过美国众多投资精英不断实践和总结，形成了较为完善的体系。在这一阶段，价值投资理论对美国的证券市场产生了深远影响，涌现了一批价值投资大师，沃伦·巴菲特、查理·芒格、彼得·林奇、约翰·邓普顿、约翰·聂夫、霍华德·马克斯、安德烈·科斯托拉尼等就是其中杰出的代表。本书剔除了百科全书式和书斋式的理论观点，而选取一些在证券市场有着丰富的投资经验和较高理论水平的杰出投资家的观点。

（一）本杰明·格雷厄姆

谈到价值投资的起源，大家首先想到的是本杰明·格雷厄姆，作为价值投资学派的开山鼻祖，他的理论精髓至今还在影响价值投资者的实践。纽约证券分析师协会曾经指出："价值投资没有格雷厄姆，就如同共产主义没有马克思——原则性将不复存在。"本杰明·格雷厄姆在1934年出版了价值投资派的开山之作——《证券分析》，奠定了价值投资理论的基础。

在该书中，他首次对投资做了明确的定义，并对投资与投机做了界定。格雷厄姆对投资的定义："投资是一种通过认真分析研究，有望保本并能获得满意收益的行为，不满足这些条件的行为就被称为投机。"以此为基础，他提出了安全边际（Margin of Safety）的概念，并对安全边际的具体内容做了说明，安全边际原则构成了格雷厄姆价值投资理论的基石。在格雷厄姆看来，当证券投资者想找到一种稳健的投资方法时，安全边际可以成为其座右铭。安全边际强调股票有时会存在市价低于其内在价值的有利差额，这种差额能够为坚守价值标准的投资人带来一种保护，而那些以市场涨跌为买卖依据的投机者就缺少这层保护的屏障。在《聪明的投资者》一书中，格雷厄姆提出："我们建议用安全边际这一概念为标准来区分投资业务和投机业务……我们十分怀疑，根据自己对市场走势的判断来投入资金的人，是否能得到真正意义上的安全边际的保护……真正的投资必须有真正的安全边际作为保障。"以安全边际为标准来区分投资和投机是格雷厄姆一个重要的开创性观点。此外，格雷厄姆还提出了普通股投资的数量分析方法，为投资者判断股票的价值提供了思路。格雷厄姆通过"旅鼠投资"和"市场先生"两个寓言，引导投资者理性思考，投资决策时避免被市场情绪感染。

（二）菲利普·费雪

菲利普·费雪是现代投资理论的先锋人物之一，成长股投资的开拓者。他的投资理论被记录在经典著作《怎样选择成长股》中，这是一本至今仍被专业投资人广泛学习和研究的著作，也是第一本登上《纽约时报》畅销书排行榜的投资类书籍。费雪的价值投资理念已被几十年来的证券市场的实践证明是很实用的，不少人认为费雪的理论某种程度上引领了全球证券投资的方向。

费雪的价值投资包括以下内容：

（1）长期成长的价值股很少。作为第一个提出价值成长股概念的投资大师，费雪曾让学生做了统计分析，研究在1956—1961年的5年间的美国证券市场的表现：道琼斯30种工业股价指数上涨了41%，下跌的股票有38只，表现卓越的股票仅占四分之一，表明证券市场里只有少数股票的成长性良好。

（2）不完全有效市场的理论。费雪认为，有效市场理论之所以谬误，原因在于对证券市场短期交易行为的理解比较狭隘，某一时点股票的现行价格并不一定能完全反映其真正价值，聪明的投资人应去追求那些长期前景非常美好的投资机会，舍弃那些发展前景暗淡的行业和企业。对于那些价格合理且有长期高速成长空间的股票，如果业绩能维持高速增长，哪怕眼前股价高一些也没有关系，因为拉长时间维度，企业依然会给投资者回馈不菲的收益。

（3）股票的安全性和成长性的有机结合是考察公司成长性的主要策略。费雪认为，价值投资者选择股票前应从不同的视角去真实地感受、考察企业的发展情况，比如消费者的评价、竞争者的策略、社区的反馈、媒体的报道等。以下两点尤其值得关注：一是企业管理层的经营理念、企业的长期发展战略以及管理人员的结构。二是公司的主打产品是否具有长期的竞争优势，能否满足消费者的长期需求，这是决定业绩能否持续高增长、公司规模能否不断扩大、公司整体价值能否长久提升的主要因素。

（4）价值成长股投资的策略理论。坚定持有好股票，不因短期波动卖出最具爆发潜力的股票；买进的公司盈利能长期高速增长，其内在的特质形成的行业壁垒使新加入者难以享受高增长；集中买入那些暂时被市场冷落、真实价值被市场误判、股票价格低于企业内在价值的公司；看重资本的高速增长，淡化股利（上市公司股息分红）；能够承受一些股票的小额损失，让看好的股票盈利越来越多；卓越的企业很少，当这类企业的股票出现有利价格和好的买点时，就要抢抓最有利的时点做集中投资；投资者持有的股票相对集中，10—12只股票一般被认为是较明智的选择，如果持有20只以上的股票说明专业投资能力不足；不要盲信主流的看法，也不必因为逆反心理有意排斥当时盛行的正确观点；投资要成功，需要有诚信、勤奋、努力、正直、坚持等品性。

格雷厄姆价值投资理论的着眼点在于找到极其便宜的股票，以避免大跌，通过财务安全来避免股票价格的大幅波动，这类股票可能会下跌，但不会深跌，假以时日价值会回归正常。费雪与格雷厄姆不同，费雪的方法出发点是成长投资，寻找真正能够成长的、价格不是很贵的杰出公司的股票，这类股票的特点是在相对短的时间内股价就会有所表现。虽然这类股票有的也可能需要几年的时间才会爆发，但如果是一只真正有价值的股票，短时间内它的股价通常会大幅上扬。

（三）沃伦·巴菲特

作为价值投资理论坚定的践行者，巴菲特以出色的业绩树立了价值投资学派的丰碑。虽然有效市场假说的支持者认为，这或许是运气使然，但丝毫不影响巴菲特的“股神”地位。

沃伦·巴菲特是股票价值投资理论的集大成者，他把股票价值投资理论与实践做了完美的结合。巴菲特认为，格雷厄姆和费雪的投资理论虽然内容各不相同，但本质上两者并不冲突。他将格雷厄姆的价值投资理论和费雪的价值成长股理论融为一体，形成了独特、完整的价值投资理论体系。

巴菲特信奉格雷厄姆的内在价值和安全边际原则。格雷厄姆的安全边际理论是巴菲特的投资策略的基础，这让巴菲特能够避免巨额亏损带来的风险。费雪的优秀公司成长股投资策略使巴菲特在新的时代有了与时俱进、切实可行的选股方法，也是巴菲特能够获得长期而杰出的投资业绩的一大基础。

巴菲特的价值投资理论主要表现在以下几个方面：

（1）内在价值。投资者买股票前，首先要对公司价值进行评估，衡量企业的估值，然后再确定自己支付的价格，价值评估是价值投资的前提。

（2）长期持有。如果一家企业具有很强的价值增值能力，就应坚定投资并长期持有，尽管眼前这些优势不明显，但也不应该改变长期持有的态度。

（3）集中投资。把所有的鸡蛋放在一个篮子里，集中投资5—10 只具有持续竞争优势、价值被市场严重低估的股票。巴菲特说:“如果你对投资略知一二并能了解企业的经营情况，那么选5—10家价格合理且具长期竞争优势的公司。传统意义上的多元化投资（广义上的活跃证券投资）对你就毫无意义了。”他认为“多样化是无知的保护伞”。

（4）竞争优势。只选择那些具有持续竞争优势的企业是巴菲特择股的首要原则，他认为这样的公司一般都有着超出行业平均水平的超额盈利能力，假以较长的时日，它们带给投资者的回报远超一般的企业。巴菲特说:“寻找超级明星——给我们提供了走向成功的唯一机会。”“一个二流的企业最有可能仍旧是二流的企业，而投资人的结果也可能是二流的。”

（5）“市场先生”。市场可能会因为各种因素的扰动导致有价值公司的股价在一段时期内被忽视，但时间一长市场一定会对其价值进行肯定。

（6）安全边际。股票价格的安全边际是投资者成功的基石。巴菲特曾经形象地说明什么是股票价格的安全边际：用40 美分的价格购买一美元的资产。

（四）约翰·梅纳德·凯恩斯

被誉为20世纪最伟大的经济学家的凯恩斯不只是一位杰出的经济学家，也是一位出色的投资大师。他执掌剑桥大学国王学院的切斯特基金长达19年（1927—1946年），取得了13.2%的年均收益，同期英国股市持续低迷，年均收益率仅为–0.5%。这一阶段的时代背景是经济大萧条和第二次世界大战，凯恩斯的业绩毫无疑问是非凡的，巴菲特称赞凯恩斯是一位“实践中的才华与思考中的智慧相匹配的人”。

凯恩斯早期也热衷于投机交易，他认为自己是一个科学的赌客，可以通过预测短期变化规律成为市场赢家，他按照经济周期在货币、期货品种上投机，结果是盈亏无常。在经历了1929—1932年的股灾之后，他彻底转向了价值投资并矢志不渝。几乎在格雷厄姆《证券分析》出版的同时，凯恩斯也扬弃并丰富了自己的投资理念，形成了新的投资思想，但无法确定凯恩斯是否受到本杰明·格雷厄姆的投资哲学影响。在一封致剑桥大学国王学院财产委员会的备忘录中，他总结了自己的投资生涯和经验：事实上，我从以上经历接受的主要教训，与我20年前开始时相信的正好相反……我们在价格大跌时购买了一些股票，这一点相当成功，然而我们却没能较好地在不同周期的阶段，利用有规律的市场变动来买卖股票。对于那些缺乏价值投资技巧的投资者，凯恩斯认为更适宜他们的选择还是完全分散的投资策略。

凯恩斯认为，证券的价格有别于其内在价值，要牢牢地守住少数几只精选出来的股票，投资者在股市下跌时应该是买，而不是卖，找到便宜货的期望要远比屈服于大众的恐慌心理更加理性。凯恩斯在1934年8月15日的一封信中阐述了自己的投资哲学："随着时间流逝，我越来越坚信，正确的投资之道是将大笔资金投入到你认为自己有所了解，并且对其管理信心十足的企业中。指望广泛投资那些你不甚了解，也没有理由抱有信心的企业，借此把控风险是一个错误……"

关于集中投资问题，凯恩斯曾说："重仓买进你坚信的股票，好过将资金分散在你缺乏同样信心的领域。但是也有一种可能，你基于错觉建仓，以为自己拥有了最好的投资机会。" "一个人的知识和经历无疑是有限的，而那种能让我在任何给定的时间下，都对之抱有十足信心的企业，很少能超过2至3家。"

（五）彼得·林奇

作为卓越的基金管理人，投资奇才彼得·林奇的投资理念更新颖复杂，但本质上他仍然属于与格雷厄姆和巴菲特等一脉相承的价值投资派。

《彼得·林奇的成功投资》以价值投资为视角分析如何运用价值策略。他认为股票投资需要修炼自己，学会分析，合理运用配置策略。投资者要能找出别人尚未发现的状况，在信息未被证实时，获得有利地位，寻找公司运营的独特逻辑，发掘增长点。他的主要观点有以下几个方面：

（1）专业与专注。林奇认为股票投资是有风险的，个人投资者不能凭一时冲动进行投资，应该充分控制风险，这样才能在股票市场中保持清醒，避免损失。在他看来，不少投资者选购股票的认真程度不如日常的消费购物，如果把购物时货比三家的认真用于选股，会节省更多的钱。

（2）鸡尾酒理论。彼得·林奇认为股票市场是无法预测的，他提出了一个有趣的鸡尾酒理论，作为判断市场的参考。他把投资者的情绪和行为分为四个阶段，与股票涨跌周期进行关联，指出个人投资者不要试图预测市场，而要关注基本面良好而被低估的股票，不要根据市场的涨落而盲目跟风。

（3）选股策略。强调选择身边的公司，把握细节，发现机会。他希望投资者要关注资产富余型公司、快速增长型公司、周期型公司与转型困难型公司，投资这几类公司，需要承担一定的风险，但能够获得高额收益。他认为要关注那些不引人注意但价值被低估的公司，不要被公司所在的行业所迷惑，只要是成长性和价值被低估二者兼备的公司，都是值得投资的好公司。

（六）格伦·格林伯格

格伦·格林伯格是美国著名投资家，首领资本管理公司创始人。格林伯格是低调而坚定的价值投资者，他认为投资是长期的事业，投资者必须找出一个能让他们成为长期赢家的办法，而不是那种在获取丰厚回报的同时也可能面临巨大损失的方法。创立于1984年的首领资本，1984—2004年的年均收益率为22.5%（同时期美国标准普尔500指数年均上涨12.9%），投资业绩非常出色，可与巴菲特媲美。2013年以来，首领资本的年均收益一直领先美国标准普尔500指数。格伦·格林伯格认为，选择优秀的企业集中投资并长期持有非常重要。

在他看来，优质企业需要满足这些条件：具有合理的可预测性、无竞争对手或者少竞争对手、享受高的投资回报、有较高的利润率、新进入者将受到挑战、有日益增加的收入、变数风险不大。

格伦·格林伯格对集中投资并长期持有的标准进行了量化。他指出，除非将至少5%的资金投资于该公司，否则首领资本根本不愿意进行这项投资。在集中投资理念的驱使下，首领资本持有的股票数量往往在10只以内，最多的时候也仅有12只，最少时有6只，同时留有30%左右的现金。首领资本每年寻找2—3个符合 “好的公司业务”理念的公司，开展深入的研究，然后将8%—20%的资金投资这些公司。关于集中投资的持有期限，格林伯格认为应该是足够长：“我们的时间窗口是两到三年。如果公司持续成长而估值并未上升，那我们可能持有10年。当我们进入一项投资的思考过程时，我们考虑未来两到三年，是否能获得可观的回报率。等我们对公司更加了解，然后静观其变。”

虽然不少有着不俗投资业绩的投资者采用了集中投资策略，但格林伯格认为，这并不说明集中投资策略具有普适性，它并不是适合每个人的灵丹妙药，集中投资意味着对投资的过程有足够的自信和具有超前的判断力，并且需要有足够的耐心。集中投资是一种罕见的“理性战胜传统”的策略，那些运用这一策略取得出色业绩的投资者主要是由于以下因素决定：一是个性性格。像巴菲特所说，你需要的是正确的性格，能够将自己从别人的观点或看法中抽离出来，看清一家企业、一个行业的真实情况，并且能独立评估一家企业而不被别人的看法所左右。二是对凯利公式的深刻理解。凯利公式可以简单理解为：有优势的时候大笔下注，否则不予下注，可以简化为优势/赔率，当概率有利于投资者时就最大化收益率，否则就避免损失，公式在两者之间达到平衡，成功的集中投资者都深谙其道。

（七）帕特·多尔西

作为世界顶级评级机构，晨星公司以对股票、基金的独到分析研究闻名于世，晨星公司股票研究部负责人帕特·多尔西在发展晨星公司股票评级和建立晨星公司股票覆盖范围方面起着关键作用。

他于2009年出版的《巴菲特的护城河》是第一本详解巴菲特“护城河”理论的著作。他在书中论述了通过价值投资获取超额收益的四个来源：一是品牌效应。品牌本身就是对消费者的选择给予导向，它具有强烈的号召力与较高的认知度，是企业形象宣传的利器。二是网络效应。通过网络构建了海量的客户群体，培养了消费者的忠诚度和黏性，形成了稳定的客户终端。三是转换成本。特别是那些对产品依赖度很高的消费者，很难在短时间内从一家公司转入另外一家公司，比如综合服务的产品。四是成本优势（规模优势）。规模大，运作机制体系化和标准化，这些优势使得企业在低成本的基础上可以大规模扩展和运营，这种头部效应使其他企业难以超越。

（八）杰里米·西格尔

杰里米·西格尔曾是沃顿商学院年薪最高的教授、美联储和华尔街优秀投资机构的资深顾问，被《商业周刊》杂志评为世界范围内的优秀商学院教授。作为美国证券投资研究领域的权威，他曾准确地预测了2000年美国网络股的崩溃，沃伦·巴菲特推荐投资者去看他的著作。

在20世纪90年代的美国证券市场，以微软为代表的飞速成长型科技公司被众多投资者青睐，人们愿意高价买入这类股票。这一时期市场开始了一场猛烈而无休止的“成长与价值”的争论，这种争论迄今为止也没有完全停歇。价值型投资者寻求的是以合理的价格购买股票而获取收益，而成长型投资者则为了远期的高收益而支付现价。当时有人认为高成长的高价股票会让一些投资者荣登富豪榜，然而实际情况是，没有一位亿万富翁或千万富翁是那样发财的。排序在《福布斯》美国400富豪榜的投资者，他们几乎都是通过投资价值型股票获得了10位数的资产，他们几乎都选择价格低廉的成长股。因此，有人认为“漂亮50”应该被当成高价成长股危险性的研究案例，西格尔教授也被卷入了这场旷日持久的争论。

杰里米·西格尔因为《股市长线法宝》这本书招致猛烈的批评，他在这本出版于1994年的著作中写道："认为当股票价格趋高时不应该进入股市，其实对长期投资者来说，这种观点毫无根据。"一些人因此认为他在鼓励投资者购买高估值股票，然而西格尔所说的高价股与高估值股票并非同一个概念。

他在《投资者的未来》这本著作中指出，投资不要盲目追求新潮时尚热点的行业，需要鉴别高利润率的真实性，同时强调股利再投资的重要性。他认为，真正能产生长期稳定收益的行业是与人们衣食住行密切相关的行业，比如烟草、医药保健、食品、护肤品行业。股票价值投资是投资能满足人们普遍需求又能大量生产的资产。

2004年7月，西格尔在接受《理财周刊》的一次访谈时说："买股票，不仅仅是买公司，而是以特定价格买一个公司。换言之，如果你买一个坏公司，若其股价很低，可能就是一个好的投资；反之，如果以很高的价格买个好公司，也未必是个好的投资。所以，不仅要看公司的好坏，还要看价格的高低。太多的人在投资时，只考虑公司的好坏，就因为这个，会带来很多麻烦，因为大家都在买，可能价格很高，跌下来就会损失很大。买股票，是买收益比较好的公司，而且是价格比较低的公司。一般来说，我不会去买市盈率超过25倍的股票，对业绩增长快的公司，市盈率有可能在25倍或30倍。总的来说，大多数股票的市盈率不能超过25倍。然后，要看公司是否有很好的回报，并且最好要有分红。"

由此可见，西格尔也并非赞成购买高估值股票，但是不知什么原因他的这种观点没有写进修订版的《股票长线法宝》。

（九）约翰·邓普顿

约翰·邓普顿爵士被誉为全球十分具有智慧的投资者之一，《福布斯》杂志称其为"全球投资之父"及"历史上十分成功的基金经理之一"，2006年被美国《纽约时报》评选为"20世纪全球十大顶尖基金经理人"。约翰·邓普顿是20世纪最著名的逆向投资者，《邓普顿教你逆向投资》一书总结了其投资的核心观点。

要有信仰。一个有信仰的人，思维往往清晰而敏锐，犯错的机会也会减少。

要做到冷静和意志坚定，思想不受市场环境的变化而波动。

谦虚好学。这是投资取得成功的法宝，狂妄和傲慢意味着灾难，聪明的投资者都明白成功的投资是不断探索的过程。

要购买物有所值的东西，而不是根据市场趋向或经济前景。寻找那些价值型投资领地，即“淘便宜货”。被市场完全冷落的股票是最让人心动的便宜货，尤其是那些投资者们都尚未研究的股票。

放眼全球，而非一域。约翰·邓普顿说：“在全球范围内寻找低价的、长期前景良好的公司作为投资目标。”别将所有的鸡蛋放在同一个篮子里：要将投资分散在不同的公司、行业及国家中，还要分散在股票及债券中，因为无论你多聪明，也不能预测或控制未来。

股市总是在绝望中复苏、在悲观中成长、在兴奋中灭亡。对投资要抱正面态度：虽然股市会回落，甚至会出现股灾，但不要对股市失去信心，因为从长远而言，股市始终是会回升的。只有乐观的投资者才能在股市中胜出。不要惊慌：即使周围的人都在抛售，你也不用跟随，因为卖出的最好时机是在股市崩溃之前，而并非之后。反之，你应该检视自己的投资组合，卖出现有股票的唯一理由，是有更具吸引力的股票，如没有，便应该继续持有手上的股票。

二、国内投资精英谈价值投资

国内坚守价值投资的精英们虽然不是每个人都有辉煌的业绩和享誉国际的知名度，但他们在A股市场摸爬滚打很久，对A股的特点了解更加深入，因此他们的观点对国内的投资者更具有参考价值。

（一）李剑

李剑在《如何在中国做价值投资》中写道：投资靠时间和心态去获取稳定的利润，讲究的是确定性，几乎人人都可以复制。

李剑概括自己的投资策略为12个字：好股好价，长期持有，适当分散。

好股的标准：具有核心竞争力、持续的竞争优势、国内市场的垄断性、长久的生命力；净利润年均增长15%以上，ROE（净资产收益率）每年在10%以上；行业前景好，品牌卓越，有自主定价能力，管理层优秀，负债低，无须融资就能高速发展，产品简单易懂等。

好股和好价，两者缺一不可。最好是在股票的内在价值打五折的时候买进，如此才是最划算的，比如内在价值为40元的股票在市场价格20元时候去买它，你才有确切的获胜把握，当它向内在价值回归时，你就能轻松赚100%的收益。

买了好公司，买到好价格，长期持有就没问题。长期持有好股票的懒人、笨人比整天短线买进卖出的勤快人、聪明人要赚得多。“我们输不起，我们等得起！”

买股要选择行业龙头。仅仅是龙头还不行，还要分清是什么行业的龙头。因为不同行业差异明显，有些行业发展前景不稳定，有的前景光明，有些已经饱和，有些风险大，有些风险小。一定要区分稳定成长的行业和周期性行业，如医药行业、食品饮料行业等，是稳定增长的行业。周期性行业不稳定，如果只看市盈率，以市盈率低为标准去买周期性行业的股票，那是一种错误的选择。周期性行业相反，当市盈率高、业绩最差的时候，往往是值得买的时候。投资者面对周期性行业时，容易被市盈率、净资产等指标迷惑，因此区分行业很重要。

有些行业能出大牛股，从美国道琼斯和标准普尔500指数可以看出，服务业、制造业、石油采掘业能出大牛股。看看道琼斯指数的成分股，绝大多数都属于这三个行业，可口可乐、吉列、通用电气等都属于制造业，花旗银行、沃尔玛、汇丰等属于服务业。

哪些行业就是出不了大牛股呢？公用事业就出不了大牛股。以欧洲股市为例，荷兰股市从诞生到现在有300年历史了，没有一个公用事业股成了长期大牛股。煤气、自来水、高速公路、地铁、电力、隧道、桥梁，这类公司并非不赚钱，它们的业绩也稳定，但它的股价涨10倍、20倍很难，因为价格受管制。如果要想让地铁提价，老百姓就会有意见，如此，地铁股票怎么成为大牛股？除非它们的股价跌到了极点。地铁修一下，高速公路修一下，动不动向银行贷款几十亿元，资本开支巨大。而制造业呢，比如中兴通讯，它已经把产品卖到欧洲、非洲去了，这就是制造业的优点，它可以卖到最偏远的地方，可以卖到地球各个角落，可口可乐、微软也是这样，沃尔玛在全球扩张，银行在全球扩张，这些行业才可以产生超级大牛股，10年涨10倍，沃尔玛从诞生开始到现在涨了500倍。有些行业注定不能赚大钱，如航空公司，也被称为两头受气的行业，航空公司的成本有两个，一个是燃油，一个是大量的人工。纺织行业注定不能赚大钱，门槛低，产品同质化，就是说产品没差异、没品牌，赚大钱很难。可是有些行业，两头都受益，一边降低成本，一边提高价格，比如烟草。

选股条件要苛刻。选股标准要苛刻，做到百里挑一，100只股票能选到1只就幸运了。如果能做到千里挑一，当然更好。一年要用364天去研究、去调查、去思考，从生活中发现，精选个股，用1天的时间去买股票，不要去看股票每天的价格涨跌。买好股票之后，要像收藏邮票一样，去珍藏。

关于财务报表，他认为那只是价值投资的一个基础方面，有些问题财务报表上没有，有的不是直接反映。阅读财务报表要与公司调查相结合，要通过阅读财务报表去思考企业的重大问题。“我思故我赚”，思考的重要性就在这里。因为要选择极为优秀的公司，光阅读财务报表是远远不够的。好的投资者应该是董事长，而不是会计。

（二）林园

林园是知名职业投资人，1989年以8000元入市，历经多轮牛熊切换，2017年央视和第一财经报道其身家超过100亿元。30年来中国股市风起云涌，长江后浪推前浪，仅少数人几经浮沉仍屹立不倒，林园是其中之一。

林园的价值投资观点散见于他的演讲和媒体的采访报道，主要的观点有：

（1）仅有5%的行业和公司值得投资，所以选股十分重要。对中国未来最有发展潜力的刚需行业应该大胆买入、分批买入。选股的核心就是选取有垄断资源的公司，买股票非赌博而是买公司，只有那些现金流充沛、品牌强大、产品具有垄断性、产品价格合理的公司才值得拥有。我们的选股方向就是垄断、成瘾。垄断即几乎没有竞争对手或者产品具有定价权，成瘾代表了消费的连续性。他认为，这点和巴菲特说的价值投资很接近，只是把它量化到了更小的范围内。如果长期持有，那么可以只投和嘴巴有关系的企业。

（2）选股，要具备一定的前瞻性。同一个行业中，毛利率越高的公司越好，毛利率的变化要稳定或趋升。

（3）投资价格非常重要，在买入的时候首先要知道标的价格的高低。鉴于对一些行业的把握力较强，林园认为自己不是传统意义上的价值投资者，喜欢选择高成长的小盘股。但在股市不同的阶段，策略不一样，需要顺应市场。

（4）持股比例超过0.5%的公司，都需要去调研。如果能够判断出这家企业的估值是合理的，持续不断地买入，重仓买入的标的持有时间应该会相对较长。当然，持有时间长或者短并非绝对，还要看行业的成长是否可持续。当行业出现很大变化，不符合自己的投资逻辑时，就应该坚决换股。

（5）对于仓位管理，不管大盘是牛市还是熊市，都是满仓操作，抱着永远往上看的心理状态。

（6）做价值投资，除了要深入研究企业的基本面和市场环境，技术分析也很重要。因为趋势重要，在牛市里面做投资才能赚钱，技术分析是可以辅助我们去判断牛熊的。

（7）未来伟大的公司肯定会在医药领域出现。投资中“伟大”这一标准和担当的社会责任、对社会的贡献不能等同，作为投资者能赚钱才是最重要。

（三）但斌

但斌分别在2007年、2012年入选*Value*杂志和《投资之道》（中信出版社）的全球杰出华人投资者。

但斌在《时间的玫瑰：但斌投资札记》（2007）中着重强调投资的时间价值和稳复利获得长期收益的作用，指出选择具有能经得起时间检验、经得起周期变动的优质企业进行长期投资，必将给投资者带来财富。他认为选择一种投资方式就是选择一种生活方式，投资不仅是自己的事，还事关自己家族、子孙后代，因此，他竭力推广做穿越时空、穿越周期投资的理念。

什么样的企业是优秀企业？但斌认为应该符合以下几项标准：

（1）持久经营，有长期稳定的经营历史，不会因经济周期、管理更替而面临困境。

（2）特许经营，有高度的竞争壁垒，甚至是属于垄断型企业，最好是非政府管制型垄断，产品和服务有自主定价能力。

（3）努力经营，管理者理性、诚信，以股东利益为重。

（4）财务指标，财务稳健、负债不高而净资产收益率高、自由现金流充裕、90%的收入来自主营业务，负债率≤50%，ROE≥15%等。

（5）经营模式能够被理解和把握的企业。

根据他的研究，全世界伟大的企业，股价基本上都是呈 45° 的斜率往上走的，“真正的好企业，从长期来看，是绝对不会套住投资者的”。他认为，假如一个企业市盈率现在是50倍，如果它以每年50%的速度增长，3年之后降到15倍的时候就处于一个较低的估值水平。

“买最好的企业，长时间坚持持有”， 像乌龟一样去投资。他并不认为自己是市场分析专家，他相信长期而言“股票绝不可能表现得比企业更好”，选择杰出企业是投资者成功的关键。为了规避系统风险，他在选择标的时会投资几家行业关联度不高的优秀企业，采取了“相对的集中”策略如消费品、金融、地产等几个行业中最优质的企业。“多做多错，每年持有1只股票，和同时持有50只股票，明显前者赚钱的概率大。”

寻得价格合理的卓越的企业，买进后何时卖出呢？但斌认为，理论上讲好企业最好永远持有它，选择卖出的时候只是在它被市场高估太多，或者企业进入衰退期或发现了更好的企业。

（四）李大霄

《李大霄投资战略》（2011）一书是李大霄对市场分析的结果，他的分析逻辑与框架主要围绕资金流动性、估值、行业，并且随时根据市场变化更新变量与数据。

李大霄不遗余力地推崇“价值投资”，认为炒题材、炒概念都是不靠谱的事情，即便是短时间内股价获得了较大幅度的上涨终究也会回吐。

他认为，坚持价值投资的理念才是在股市获利的法宝。投资是一场永无止境的修行，价值投资者需要善良，做好人、买好股、得好报。许多伟大的上市公司，都由很多优秀的投资人组成。事实上，也只有优秀的投资人才能够匹配优秀的、伟大的上市公司，非常糟糕的投资人不可能去匹配伟大的公司。伯克希尔、百度、阿里巴巴、腾讯等优秀上市公司的股东，都是由非常优秀的投资人所组成的。当然，他们也获得了非常好的回报，这就是做好人、买好股、得好报的道理。

坚持拥抱被低估的龙头股、蓝筹股，远离被高估的“黑五类”股票，这是李大霄倡导的价值投资的一个核心观点。在他看来，A股的上证50和沪深300为主要标的，中国优质公司的股票就是核心资产。为什么每一次我们的大盘下跌的时候，外资都逆势大量买入我们的核心资产呢？因为中国A股市场的核心资产是各个行业的龙头，估值长期具有比较低的优势，股息率在我们A股的上市公司当中属于较高的，净资产收益率和投资回报率长期稳定。“黑五类”主要是小盘股、次新股、垃圾股、题材股和伪成长股。

在李大霄看来，投资市场从某种程度上讲是检验一个人综合能力的最佳地方。投资的成败，不仅仅与投资者专业能力和资金实力有关，也与家庭氛围、身体状况、性格特点、心理素质以及人品素养等多方面的因素有直接的关系。

（五）段永平

段永平把巴菲特的投资哲学概括得非常简单：“你要买一只股票，其实是买这家公司，因此前提是你必须了解它，这与投机截然不同！”凭借着这种心得，段永平也成为网易股价从1美元涨到70美元的受益者。段永平对于那些他看得懂、觉得好的企业，出手就是重仓长线持有，如2001年投资网易、2012年重仓苹果、2014年重仓茅台。

他在《我所理解的股票价值投资，买股票就是买现金流》（2014）一文中详细阐述了自己的价值投资观点。

一是价格高低。股票价格的高位与低位只是一个相对区间，现实中很难找到最高点与最低点，但是可以分析出目前股价所处的大概阶段。

二是能力圈。投资自己能够真正看懂的公司，要清楚自己的能力边界，不要随意扩大，否则容易陷入未知的风险。

三是投资模型。投资模型只能是大概估值，定性分析比定量分析更重要。模糊的正确比精确的错误更重要，能够大致估算出企业的价值即可。

四是企业估值。企业估值就是估计企业的未来现金流，需要对企业的业务有深入的理解，对于能力圈内的公司，未来现金流折现是一种思维方式而不是一种公式。怎么去评估一家企业是否被低估？首先是团队，其次是企业文化，一个企业真正的核心竞争力就是企业文化。需要关注利润、成本的构成，要知道它真实反映的东西是什么，要研究连续几个季度甚至几年的数据才能辨别真伪。有的公司看起来很赚钱但经营现金流量匮乏，这样就很危险。

（六）赵丹阳

赵丹阳被人称为“私募教父”，2003年初在H股市场成立赤子之心私募基金，8年时间翻了12.8倍。每年年初他都会在赤子之心网站上发布一封致投资者的信，总结过去、展望未来，他的投资理念体现在这些信中。

他认为，投资不是数学而是哲学，投资是大众心理活动的集中体现，市场容易从一个极端走向另一个极端，使错误的定价不断出现，投资的机会也随之不断产生。做投资并不比做实业简单，如果一个基金经理不明白一个公司是如何运作的，就无法判断它是否值得投资。

投资肯定不能指望运气，再高超的技术分析也不可能永远是对的。而对一个公司做长期深入的了解会让你明白你的选择是否正确。一只值得投资的股票要有以下三个特性：好的管理层、好的价格、好的企业。A股市场有不少好公司，但价格偏高了，有的已经透支了未来5—10年的成长，对投资者而言就没有太多的回报。一个成熟的基金经理必须有足够的耐心等待好公司出现理想的价格，宁可错过，不可激进。

在证券市场，活下来永远是第一位的，要像珍惜生命一样珍惜自己的本金。风险控制是投资的灵魂，投资的核心是确立风险与投资的对称性。当市场因为各种原因使自选股标的出现风险收益的非对称定价关系时，就是获取超过市场平均收益的大好机会。

在证券市场上，成为输家还是赢家不是取决于知识的差异和占有信息的能力差异，而是取决于对企业理解的深度上的差异。同样的信息被不同的人接收和加工，会形成完全不同的判断。

股票分为三种：高风险低收益，风险与收益持平，低风险高收益。第二种情况不宜做大的投资，只有第三种才值得出手，否则还不如将现金留在手上。在市场发生价值判断错误时出手才是最高明的投资者。

赵丹阳认为，对于选好的股票要做到长期持有和集中投资。股票的分散程度并不是投资风险得到有效控制的决定因素，所投资企业的内在价值和成长性才是其决定因素。多元投资、分散投资对那些不了解企业的状况和未来发展的投资者才重要。优质的标的如钻石，因为稀有值得那些明白其价值的投资者重仓买入和长期坚守，不能过于频繁地交易，那样会付出高昂的交易成本。

他在2012年给投资者的信中提到，关于行业的选择，他认为医疗、教育、金融、消费这四个行业值得长期关注。投资者通过股权投资分享国家发展和产业成长的成果。随着年龄的增长和阅历的加深，投资者会明白，一个人懂的东西与大千世界相比真的很有限，生活很精彩，但我们只能停留在所能明白和领悟的产业和公司中寻找安全感。

（七）陈光明

陈光明曾在东方证券资产管理有限公司任职长达20年，所管理的“东方红”系列产品以高额收益率在业内独树一帜，东方红4号自2009年成立到2017年年底，回报率近9倍。

陈光明认为，价值投资的本质是均值回归与资本逐利，这是价值投资长期有效的根本原因。什么是均值回归？价值具有万有引力，一定时间内能让价格向其靠拢。如果一段时间内股票价格上涨过快、过高，当未来的预期回报没有吸引力的时候，新的投资者就不会参与，当市场出现了回报更为丰厚的资产的时候，老的投资者就可能卖出股票，当趋势投资者的力量无法维持的时候，股票的价格走势容易反转；相反，当市场下跌过多，出现股票价格低于其内在价值、预期的潜在回报丰厚的时候，越来越多的投资者会主动参与进来，这种力量超过趋势投资者的力量时，股票的价格走势又会出现反转。

均值回归这一规律，对证券市场、行业以及企业都适用，一般而言行业和企业都有周期，前景好的时候资金就会追逐，从而侵蚀其高额利润。好的企业会持续创造价值。拥有核心竞争能力的优质上市公司，资本从中所获取的回报远高于市场平均水平，随着时间推移，这类企业的内在价值会持续增长。

价值投资策略获胜的概率更高，因为其属性和特点更契合商业的本质，可以实现绝对的收益，规避损失，克服人性的弱点。人性的弱点使很多人热衷于追高，逢低买入的人很少，这有悖于均值回归的原则。

价值投资有一个非常重要的前提，就是投资者要具备评估企业内在价值的能力，避免落入价值陷阱。与预测市场走势相比，前瞻企业未来的发展前景和经营情况相对容易，这需要具备较强的专业分析能力。每个投资者的能力圈不一样，在自己的能力范围内做出的预测成功概率更高。有些企业的经营成果与宏观政策密切相关，难以预测，那么在估值上要给予一定折价。企业面临的市场竞争很激烈，投资那些业务有护城河的公司更有安全感，杰出的企业成功的背后本质上离不开人的因素和文化，顺势而为的公司更容易成功，逆势而上的企业即使经营团队很优秀也充满风险，差的企业一般难以脱胎换骨。

价值投资怎么才能取得实效？这需要有信仰和勇气，要有专业能力和长期资金配合，要有相应的文化和激励约束机制。同时，不要轻易预测市场的顶部和底部，要深刻理解周期背后的人性，陪伴优秀企业成长的胜算更高。

价值投资最重要的一条原则是牢记估值，这源于价格和价值的差距，回报的来源是利润分红与企业成长。

（八）张磊

作为一家专注于长期结构性价值投资的专业机构，张磊领导的高瓴资本经过10多年的发展，迅速崛起为亚洲资产管理规模庞大的投资基金之一，在A股市场的影响力和话语权与日俱增。高瓴资本从创立之初起就定位于具有独立投资视角的长期投资者的角色，已在消费零售、创新药、金融科技、企业服务及先进制造等领域内投资了一大批国内外优秀企业，其中包括百度、腾讯、京东、携程、凯莱英、药明康德等几十家具有竞争力的科技公司。

作为新时期价值投资的杰出人物，张磊把学院派的价值投资理念与中国市场实践进行了有效的融合。张磊的投资风格受到沃伦·巴菲特和自己的恩师大卫·史文森的影响。作为耶鲁大学捐赠基金的首席投资官，大卫·史文森被美国的机构投资者奉为教父级人物。张磊不仅成功地把耶鲁的投资理念引入中国，并将其改造成更适合中国国情的投资模式。他追求长期持有，努力把基金做成超长期结构的基金，所投公司和高瓴资本的理念要一致。张磊的价值投资理念主要体现在以下几个方面：

（1）寻找有伟大格局观的企业家。张磊说："我们认为投公司就是投人，真正的好公司是有限的，真正有格局观、有胸怀又有执行力的创业者也是有限的，不如找最好的公司长期持有，帮助企业家把最好的能力发挥出来。"他认为，只有少数人、少数公司能够有这个格局和执行力，能够把公司愿景、使命提到那么高的高度，这正是他们极力要寻找这样的人的原因。如何寻找这类人呢？他们的方法有两种。一是人海模式，到处参加各种会议，各地跑。二是采用研究型模式，通过研究发现哪个是最好的商业模式，然后再寻找与最好商业模式契合的最好创业者，再一起发展。

（2）善于甄别"虚假的护城河"。如果"护城河"是因为政府保护而形成的，随时都有崩溃的可能。而用最高效的方式、最低的成本长期创造最大价值才是企业“护城河”的本质。在关键时点投资关键变化。什么是关键时点？就是大家都看不懂的时候。关键变化是什么呢？如果是一成不变的事情，实际上很容易被看见，这个世界永恒的只有变化。只有在变化的过程中才能去跟别人有不同的观点，而且是较长阶段的不同观点。需要持续深入地跨时间、跨地区、跨行业、跨类别、跨线上线下进行行业研究，才能够深刻理解这些行业的长期内在发展规律和业务逻辑，从而准确把握行业与市场的变革要素和时点。张磊说：“我要做企业的超长期合伙人，这是我的信念。高瓴的使命就是发掘最具有长期竞争优势的企业，用最长线的钱来帮助企业实现长期价值。我们相信那些能长期为消费者带来价值、为产业链提高效率、‘护城河’足够深的商业模式能够带来长期的高资本回报率。”

（3）要学会研究。张磊说：“要研究，只有研究才能让你对变化有理解。研究是基于深刻的对事物本质的研究，方法见仁见智，有的人看一两个季度，有的人看一两年，有的人看盈利，我看东西是看看五年、十年、二十年的东西。我看的不是形式，我看的是一个人本质上有没有给社会创造价值，只要你给社会创造很大的价值，早晚你会给所创的公司创造价值。”

以上从国内外选取的价值投资观点，均来源于投资实践的杰出代表，忽略了纯理论性和学术性观点，本书也不对这些观点进行过多点评。这是因为价值投资不仅是投资哲学，也是方法论，缺乏实践支撑的纯学术探讨没有意义。

价值投资是对标的价值的发现与认可，国内践行价值投资理论取得成功的人并不多，与A股市场的众多投资者相比，寥若晨星。价值投资在中国“水土不服”，问题并不在于价值投资理论，而在于有的投资者对价值投资的理解不到位，没有掌握价值投资的真谛。巴菲特说过，即使生在中国，他也一样能成功。

第六章

个人投资者与机构投资者有何不同

随着金融全球化进程的推进以及我国资本市场对外开放程度的提升，A股市场投资者结构不断变化，逐步对标境外成熟资本市场，境内外专业机构投资者持股市值占比稳步提升，逐渐发展为股市的主导力量。

近年来监管层对A股市场投资者制度建设高度重视，积极支持市场结构改革和中长期资金入市。一方面，监管机关持续鼓励保险、养老金、社保等中长期资金入市，推动放宽中长期资金入市比例和范围。另一方面，国家外汇管理局进一步取消了QFII/RQFII的投资额度，简化了资金汇入汇出机制，为A股进一步国际化营造了良好的制度环境。

随着保险、保障类资金和外资的稳步入市，A股市场机构投资者的类型日渐丰富，结构渐趋优化。在流通市值口径下，可以将A股市场投资者划分为个人投资者、一般法人、境内专业机构投资者、境外机构投资者四大类（见图1）。

个人投资者：除一般法人和境内、境外专业机构投资者之外的投资者均被纳入个人投资者范畴。

一般法人：具有产业资本属性的法人单位。具体来说，一般法人包括一般法人团体和非金融类上市公司。

境内专业机构：参考中国证券投资基金业协会的数据统计框架，根据投资管理机构的类型，可以将境内专业机构分为公募基金、私募基金、证券机构、保险机构、社保基金、信托机构、其他机构（基金专户、期货公司资管、财务公司、银行等）共七大类。

境外机构投资者：包括以QFII、RQFII和陆股通渠道进入A股市场的境外投资者。

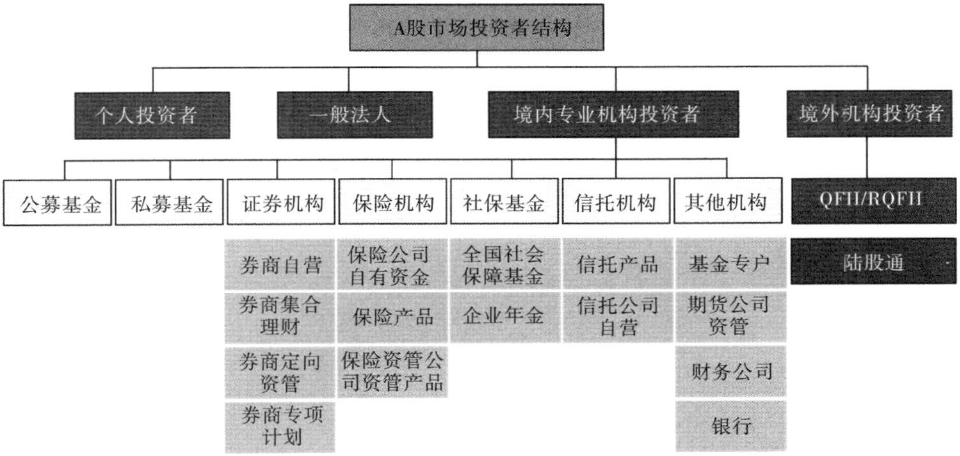

图1 A股市场投资者结构全景

一、个人投资者

凯恩斯在 1936 年的《通论》中指出：“由于人的生命有限，人的本性要求人们快速获取收益；人们在快速赚钱方面存在着特殊的热情，而长期收益对一般人来说贴现率较高。” 因而，他认为人们会采取投机的行动，这取决于人们本身的“赌博”偏好与冲动情绪。

到了20世纪70年代，理性人假说、有效市场假说成了主流的投资理论，金融经济学家普遍认为驱动股价波动的最主要因素是有关公司未来现金流的信息，即驱动股价变化的主因是公司内在价值的变化。风行一时的有效市场假说认为：有效率的市场中，股价充分反映了可获得的全部信息，股票的现价是对公司内在价值的最优估计，价格只在新信息到达时发生变动。理性投资者忽视了人的情绪、心理及价值取向等主观因素，在实践中遭遇严重挑战，因为市场中股价变动不仅频繁而且幅度剧烈。20世纪80年代，一些金融学者开始关注共同的心理因素，行为金融学应运而生。

行为金融学认为：人会犯错误，是有限理性的，大多数时候的市场价格，不像传统金融理论认为的那样，仅由理性人决定，而是由理性人和非理性人共同起作用的。因为存在偏好、情绪和认知偏差等心理方面的原因，大多数情况下投资者是非理性的，无法对市场价格按照理性人标准进行无偏估计。

1984年，行为金融学的代表性人物罗伯特·席勒提出了一个简单的二元投资者模型。该模型针对两类投资者：精明投资者、噪声投资者。前者按照基本面信息进行投资，理智而精明；后者在交易中忽视基本面信息，感性又盲从。由这两类投资者共同决定的股票价格为：

$$P_t=\sum_{i=1}^{\infty}\frac{E_t\left(D_{t+i}\mid\delta\right)+\Phi E_t\left(Y_{t+i}\mid\delta\right)}{\left(1+r+\Phi\right)^i}$$

P_t为股票的市场价格（现值），由基于t时刻的全部信息δ，精明投资者所做出的对于未来现金流的预期$E_t\left(D_{t+i}\mid\delta\right)$加上以$\Phi$为权重的噪声投资者所做出的对于未来股价的预期$E_t\left(Y_{t+i}\mid\delta\right)$，再以贴现率$r+\Phi$进行贴现所得。

公式看上去很复杂，但表达的是一个两方力量的折衷。当权重Φ趋近于零时，价格由精明投资者完全决定，这个时候就与未来现金流折现模型相一致。而当权重Φ趋近于无穷大时，价格由噪声投资者完全决定，此时基本面估值几乎不起作用。

从套利的角度来看，既然有两个价格，那就存在套利空间。如果我们可以很方便地按照内在价值进行套利的话，交易价格向内在价值回归就很容易；反之，价格回归就很困难。因此，公式里面的Φ也可以看作是套利的难易程度，即套利成本。

从市场实践来看，套利成本低的市场，例如股指期货、指数基金等，交易价格接近内在价值。套利成本高的市场，诸如新兴经济体的证券市场或者换手率低的股票，由于机构投资者相对少、市场深度不够等，交易价格的波动会更大，与内在价值的偏离度更大。质地优秀的公司股票，价格很难长期偏离内在价值（实质是巨大的套利力量的存在），当这种被严重低估的情形出现时，就是价值投资者的良机。

个人投资者是我国股票市场最广泛的投资者，在投资者结构中占比很高，是市场的活力源泉。

中国证券投资者保护基金有限责任公司《2019年度全国股票市场投资者状况调查报告》显示：截至2019年12月31日，全国股票投资者数量达1.597亿，较上年同期增长9.04%，其中自然人投资者占比99.76%。A股虽然散户投资者众多，但他们是弱势群体，多数散户难逃盈亏的二八定律。2019年投资获利的专业机构投资者、一般机构投资者和自然人投资者比例分别为91.4%、68.9%和55.2%，专业机构投资者的盈利情况显著高于其他两类投资者。2019年上证指数上涨了22.3%，这样的市场里91.4%的专业投资者获得了正收益，而散户获得正收益的比例只有55.2%，也就是近半数的散户仍然是亏钱的。

深交所发布的《2020年个人投资者状况调查报告》显示，投资者的长期价值投资理念增强，占比从2015年的20.4%提高至2020年的31.1%。证券账户资产量较高的投资者和盈利投资者对长期价值投资理念接受度更高，35.7%的盈利投资者认为自己属于长期价值投资风格，较亏损投资者高7.5个百分点，证券账户资产量在50万元以上的投资者中接受长期价值投资理念比50万元以下的中小投资者高2.4个百分点。盈利投资者的投资理念更成熟、投资行为更理性，他们更注重研究学习，在阅读金融机构的研究报告和上市公司发布的信息方面占比分别高出亏损投资者11.3个百分点和7.4个百分点。

个人投资者资金规模小，分散的少量资金，难以进行有效的投资组合，而且也无法与机构的大资金在博弈中相抗衡。收集、分析信息能力弱，不具备专业的投资知识，喜欢跟风，决策行为依赖股评、传闻、K线。投资行为缺乏理性，沉迷于短线交易，追涨杀跌。一洗就出、一出就涨、一涨就追、一追就套、一套就急、一急就割，这个段子经典地描述了个人投资者的投资心态。

A股投资者的群体特征之一就是羊群效应。羊群效应又称从众效应，最早是描述动物群体的，主要是指羊群为了生存而出现盲目跟随头羊的现象。后来研究者发现人类同样存在这种盲从现象，羊群效应因此被应用到行为学领域，用来指身处群体中的个体选择群体中的大多数人采取的思考方式，做出与他们相同的决策和行为。在证券市场中，羊群行为表现在某时点大部分人会跟风进行同样的决策，这种羊群般的从众行为往往会把股市行情演绎到极致，助长暴涨暴跌。图2是2021年第一季度投资者构成情况。

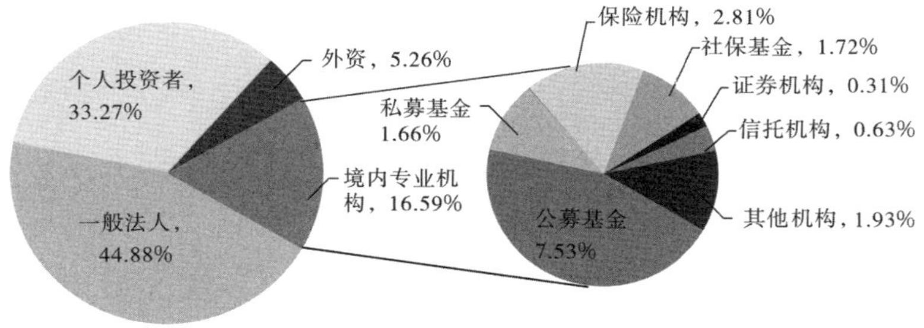

图2　2021年第一季度投资者构成情况（测算值，流通市值口径）

注：2021年第一季度流通市值口径下的A股投资者结构经测算得到一般法人持股占比最高（44.88%），个人投资者（33.27%）次之，外资持股市值占比为5.26%，境内专业机构投资者合计持股市值占比16.59%。从境内专业机构投资者内部看，公募基金、保险机构、社保基金和私募基金持股占比依次为7.53%、2.81%、1.72%、1.66%。

A股的信息不对称现象依然突出，尽管财务报告和信息披露的法律规则不少，但上市公司违规造假的行为还不少。在信息不对称的条件下，个别上市公司挖空心思进行包装、粉饰，向市场传递出错误的信息以此误导散户投资者。机构投资者拥有雄厚的资金，大规模的资金更有利于投资者进行投资组合，大规模的投资运作也有利于获得规模效益；机构投资者与上市公司关系紧密，比个人投资者更加了解上市公司的真实状况；机构投资者拥有专业人才，具有更全面的专业知识和更丰富的实战经验，他们能够深刻地理解市场。

个人投资者要在投机色彩依然浓厚的A股市场上盈利，需要知其常、达其变，需要有正确的投资理念、较好的风险控制能力和一定的分析鉴别能力，而这些需要立足在价值投资之上。

二、机构投资者

机构投资者已逐渐成为资本市场中的重要力量，他们凭借其专业优势和资金优势，有能力对上市公司进行系统的研究，这不仅减少了投资的盲目性，也提高了投资效率。

A股市场的机构投资者主要有公募基金、私募基金、证券机构、保险机构、社保基金、信托机构等，不同的机构资金来源不一样，经营管理方式以及考核形式也存在差异，这使机构投资者的投资行为各有千秋。

相比散户，机构投资者有专业的投资团队、雄厚的资金实力，被划为专业投资者，一般被贴上价值投资的标签。但在年轻的A股市场，非完全有效性使机构很难保持完全理性的投资，投资中没有表现出价值投资行为，或者表现得不够充分，存在一定的短视行为和正反馈交易现象。业绩考核竞争压力较大是主要因素，这在投资基金经理身上体现得很明显，券商类的自营业务也类似，短视行为导致了有的机构投资者在短期内频繁调整投资组合，买卖行为上体现出正反馈交易特征，买进那些价格正在上涨的股票而卖出那些价格正在下跌的股票，价格与交易数量正相关。当市场中出现所谓的“风口”，高估值的题材股短期爆发性上涨，而有的机构投资者会参与短线博弈，速战速决，这有悖于价值投资注重长期稳健、低估值和安全性的要求。不同的机构投资者的投资行为有着不同的特点：

（1）社保基金强调安全性。社保基金看重企业的基本面指标，对盈利稳定、净资产收益率尤为关注。社保基金偏好资产负债率低、速动比率高、偿债能力较强的行业龙头个股，以此规避一定的投资风险。同时，社保基金对成长性也比较重视，对营业利润的增长率表现出正向偏好。由于社保基金的来源稳定、资金期限较长，因此总体上价值投资的特征比较充分。

（2）保险公司注重稳定性。截至2019年，保险资金投资股票和证券投资基金达2.4万亿元，保险公司现在已经成为我国证券市场的第二大机构投资者。保险公司资金成本低、周期长，更适合逆周期投资，能接受短期可能出现的浮亏，但从中长期来看，逆周期投资可以买入便宜资产。

（3）投资基金的操作散户化倾向突出。证券投资基金是证券市场中发展最早、规模最大、体系相对最完善的机构投资者。作为专业的投资机构，投资具有集合性、分散性和专业性。投资基金获得规模优势，投资基金的资金运作能力应该要优于保险和券商。但许多基金经理有时也会缺乏独立客观的判断，投资行为上也出现羊群行为，这现象在公募基金和私募基金中都存在，基金身上的散户化特征没有被遏制，基金没有成为市场的长期投资者，反倒被市场改造成了短期投资者。

（4）QFII是价值投资的主导者。QFII虽然流通市值不及证券投资基金，但由于资金主要来源于境外资本雄厚的大型企业，有更加先进的管理经验，因此在股票投资的选择上，QFII 对股票市场中的我国境内机构投资者来说具有示范效应。QFII 更多地是从价值角度判断并选股，大盘蓝筹股、成长潜力股都是其目标， QFII 比较看重业绩和所选的公司在所属行业中的地位，如在 A 股市场中，医药股和白酒股一直是 QFII 的偏爱。QFII 来自境外成熟资本市场，投资理念和投资策略更加成熟先进，对境内的投资机构有借鉴意义。

（5）券商自营短期化。券商具备较强的信息优势，由于自营业务起步较晚、内控流程发展不成熟，券商的股票投资行为往往被认为是短视型特征明显。

（6）此外，信托资金、企业年金也是资本市场不可或缺的重要力量。

以2021年第1季度为例：公募（季报口径）基金持有 A 股市值约 4.81 万亿元，占总市值的 5.63%；外资（央行口径） 持有 A 股市值 3.36 万亿元，占总市值的3.93%； 险资（银保监会口径）持有 A 股市值2.87万亿元（包括借助基金持股通道），占总市值的3.36%；信托（信托业协会口径）持有A股市值0.59万亿元，占总市值的0.69%。

参考文献

[1] 沃伦·巴菲特.巴菲特投资策略全书[M].谢德高，译. 北京：九州出版社，2001.
[2] 傅依，张平.公司价值评估与证券投资分析[M]. 北京：中国财政经济出版社，2001.
[3] 阿斯沃思·达蒙德理.价值评估[M]. 张志强，译.北京：北京大学出版社， 2003.
[4] 布鲁斯·格林威尔，贾德·卡恩，保罗·D.索金，等.价值投资——从格雷厄姆到巴菲特[M]. 李瑶光，张建文，译.北京：机械工业出版社， 2002.
[5] 本杰明·格雷厄姆.聪明的投资者[M]. 王中华，黄一义，译.北京：中国邮电出版社，2011.
[6] 邱国鹭.投资中最简单的事[M].北京：中国人民大学出版社，2014.
[7] 张磊.价值[M]. 杭州：浙江教育出版社， 2020.
[8] 孔艺霏. 我国境内外机构投资者股票投资偏好比较研究[D/OL]. 锦州：渤海大学，2019. https：//kns.cnki.net/KNS8/DefaultResult/Index?dbcode=CDMD&kw.
[9] 梁亚辉. 股票价值投资研究——以中科唯实为例[D/OL].长春：吉林大学，2015. https：//kns.cnki.net/kcms/detail/detail.

aspx?dbcode=CMFD&dbname.

［10］贺阳. 机构投资者股票投资行为的比较研究[D/OL].深圳：深圳大学，2017. https：//kns.cnki.net/kcms/detail/detail.aspx?dbcode=CMFD&dbname.

［11］李国飞. 李国飞哲学与投资笔记[EB/OL].（2019-04-29）[2021-05-09]，https：//max.book118.com/html/2021/0508/7103020132003121.shtm.

［12］广发策略：如何找A股宽护城河标的？构建“三分法”选股评价体系[EB/OL].（2018-08-21）[2018-08-21]，https：//www.sohu.com/a/249187131_711933.

［13］陈光明.价值投资者在中国是正确的少数派[EB/OL].（2019-04-26）[2019-04-26]，https：//www.wallstreetcn.com/artides/3519525.